陳式實用太極拳法 一路

진식 실용태극권법 1로

81식
기초권법

진식실용태극권법 1로

발행일	2024년 2월 28일		
지은이	김용제, 양성찬		
펴낸이	손형국		
펴낸곳	(주)북랩		
편집인	선일영	편집	김은수, 배진용, 김부경, 김다빈
디자인	이현수, 김민하, 임진형, 안유경	제작	박기성, 구성우, 이창영, 배상진
마케팅	김회란, 박진관		
출판등록	2004. 12. 1(제2012-000051호)		
주소	서울특별시 금천구 가산디지털 1로 168, 우림라이온스밸리 B동 B113~115호, C동 B101호		
홈페이지	www.book.co.kr		
전화번호	(02)2026-5777	팩스	(02)3159-9637

ISBN	979-11-93716-76-2 03690 (종이책)	979-11-93716-77-9 05690 (전자책)

(주)북랩 성공출판의 파트너

북랩 홈페이지와 패밀리 사이트에서 다양한 출판 솔루션을 만나 보세요!

홈페이지 book.co.kr • **블로그** blog.naver.com/essaybook • **출판문의** book@book.co.kr

작가 연락처 문의 ▸ ask.book.co.kr

작가 연락처는 개인정보이므로 북랩에서 알려드릴 수 없습니다.

흐름 속의
중심

진식실용태극권법1로

陳式實用太極拳法一路

81식
기초권법

김용제
양성찬
지 음

북랩

진식 18대 홍균생 노사

진식 19대 장련은 선생

김용제·양성찬 태극권 수련자

한국태극권협회 도반 일동

실용태극권은 진식태극권의 근대 태두로 알려진 진발과 노사(1887-1957)에게 사사한 홍균생 선생(1906-1996)에 의해 태극권의 기본원리인 전사(纏絲)방법을 엄격히 준수하고 음양(陰陽)의 상대 원리를 더하여 태동하였다.

실용태극권은 진식태극권(陳式太極拳)의 한 유파로서 투로(套路)에 추수(推手)의 기법이 그대로 녹아 있는 실용권법(實用拳法)이다. 따라서 흐름 속의 중심, 중심 속의 흐름으로 순응하며 마음 중심(中心), 몸 중심(中心)에 바탕을 두고 있다.

태극권 수련은 작용의 경로(經路)를 살펴 각각의 제 할 일을 제 갈 길로 촉진시켜가는 수련으로 본래의 흐름, 지연의 결을 확장해가는 공부라 하겠다. 무릇 쓰임의 핵심은 전사(纏絲)라 할 수 있으며 이것을 명확히 실행하지 못하면 권법(拳法)을 명확히 이해하지 못한 것이다.

전사(纏絲)는 공전(空轉)과 자전(自轉), 그리고 변화(變化)와 불변(不變)의 상응(相應)에 의해 큰 흐름의 작용을 일으키고 작용은 조건으로 상응된 과정의 결과물로 본래는 신묘한 텅 빔으로 성립된다.

저자들은 그간에 함께 수련하며 경험하고 사유해온 공부를 토대로, 공동으로 본 교본을 집필하였다.

각 초식의 형태는 초학자가 참고하기 용이하도록 사진과 병행하여 설명하였다. 또한 작용법은 추수연공법 속에 단순한 초식의 적용으로 경로를 면밀히 살피며 유기적으로 보완하여 공부할 수 있도록 하였다. 각자의 개성으로 추구하는 뜻은 다를 수 있으나 단순성(單純性)의 기틀로 보편성(普遍性)으로 거듭될 수 있도록 조화(調和)와 균형(均衡)에 촉

매제 역할을 할 것으로 믿어 의심치 않는다.

태극권은 무술(武術)이면서 명상(明想)이고 도(道)이다. 그 길에 눈 밝은 인연으로 소통하며 지속적인 끈기와 훈련 속에 열린 자각의 안목(眼目)이 중요하겠다. 이로써 삶의 흐름에 있는 그대로 안착되며 심신의 면역력 증장은 물론이고 초연(超然)함 속에 성숙되고 만족된 삶을 누려갈 것으로 확신한다. 조화와 균형, 그리고 평화와 만족으로 승화하지 못한다면 음양에 틈이 벌어진 것으로 알고 자기를 다시 살피며 검증하여야 할 것이다.

각자의 인연으로 태극행의 이로움이 널리 퍼지길 바라며, 무시무종(無始無終) 삼태극(三太極)으로 스스로를 비춰 볼 수 있는 모든 인연에 두 손을 모은다.

특히 본 교본이 발행될 수 있도록 물심양면으로 아낌없이 마음을 내어주신 이원영 선생님과 이유진 선생님께 감사드리고, 세월 속에 함께 공부하며 도움을 주신 울산 김동균 도반님, 이천 이대건 도반님, 순천 강대영 도반님, 제주 이현종 도반님, 제주 오창기 도반님, 진주 진성곤 도반님께 감사드린다.

이 책의 저술 과정에서 수많은 태극권 선구자들, 특히 홍균생 선생과 장련은 선생의 교본을 중요 참고 자료로 활용하였다.

책을 저술하며 저자들도 스스로의 공부를 다시금 살펴보고 무술을 향한 초심을 다잡는 계기가 되었다. 이 책을 계기로 독자들 또한 무위성(無爲性)의 인연을 감사로 여기며 머묾 없는 정진(精進)으로 인연 따라 유연하게 흐르며 한 생각 전의 무심(無心)과 무형(無形)의 중심성(中心性)으로 원대(原大)해져가길 소망한다.

2024년, 태극의 봄을 맞이하는 어느 날에
여해 김용제
양성찬

진식실용태극권 책을 김용제, 양성찬 두 분 명사님이 출간한다고 하니 우선 기분 설레고 좋았다. 선수와 심판으로서의 인연이 지금은 태극권 애호가로서 도반으로 인연이 되어 태극권 역사를 만들어가고 있다.

김용제 선생님은 남권 국가대표로서 국위를 선양하고 은퇴 후 태극권에 매진하여 중국 진가구 초작대회 추수(겨루기), 권법 부문에 특출한 기량을 선보여 선수나 지도자들로부터 관심을 한 몸에 받았다. 특히 추수 부분은 체급 경기인데도 본인의 본래 체중보다 3체급 이상 높은 상대들과 겨뤄서 압도적인 경기를 치러 관심과 집중의 대상이 되기도 했다. 이는 수련과 수행의 방편으로, 승패를 넘어 호연지기를 기르는 방편이다. 그리고 중국 홍파태극권협회에서 진식실용태극권 명가로 인증을 받기도 하였다. 진식홍파태극권 대회에서는 인기를 한 몸에 받았으며 인기 절정으로 연예인처럼 사람들이 사진 촬영하러 줄을 서기도 했다.

양성찬 선생님은 태극권 국가대표로써 10여 년 이상 활약하면서 국내 대회는 물론 세계 대회 및 각종 대회에서도 한국 최초로 태극권 및 태극검 부문에서 1위를 했으며, 2002년 부산 아시안게임에서는 한국 최초로 금메달을 획득하였다. 선수 생활을 은퇴하고 국가대표 감독으로 활동하였으며 은퇴 후 기존 공부에 머무르지 않고 전통태극권 수련 공부에 매진하여 드디어 책을 출간하기에 이르렀다.

태극권 발전을 위하여 김용제 선생님은 2011년 한국태극권협회를 창립한 후 한국태극권협회 4대 회장으로서, 양성찬 선생님은 5대 현직 회장으로서 태극권을 익히는 데 있어 수련과 수행이 함께할 수 있도록 길을 제시하였다. 즉, 태극권이 곧 수행이며 마음법이라는 화두를 두어 새로운 지평을 열었다. 두 분은 늘 도전과 변화를 꾀하는 지도자의 모범상이지 않나 싶다.

한 권의 책을 출간하기 위하여 얼마나 큰 노고와 열정, 그리고 공력이 들어가는지 알기에 마음으로 꼭 안아주고 싶다. 국내에서 지금까지 50~60종 정도의 태극권 관련 책들이 출간된 걸로 안다. 그간 번역서가 출간된 적은 많지만 정작 태극권을 공부하는 사람들에게 도움을 주기 위하여 자신이 직접 경험하고 공부한 내용으로 쓰여진 책은 많지 않다. 그만큼 심혈을 기울이지 않으면 가치 있는 전문 서적으로 설 수 없다. 이 책은 한국 태극권의 변화에 명실상부한 초석이 될 것이다. 이 진식실용태극권 책은 기존의 권법 순서를 익히는것에 머물지 않고, 진식태극권의 핵심인 사정추수에 전사경을 응용한 용법을 설명하여 이에 대한 쓰임새를 알려주는 책으로 국내에서는 유일한 책이다. 본 교본을 통해 진발과(17대), 홍균생(18대), 장련은(19대) 노사계를 이어 김용제(20대), 양성찬(20대)가 이어받아 한국에 태극권의 정수를 뿌리내릴 것이다.

두 분 명사의 노고에 박수를 보내며, 한국태극권협회의 발전과 한국태극권의 활성화에 기여할 이 책이 많이 보급되기를 바란다. 두 분의 앞날에 행운이 함께하기를 마음으로 기원하며 이 글을 담아 태극인과 함께 축하드린다.

2024년 봄기운을 받으며 인선당에서
한국태극권협회 人中武 강대영

차 례

❀ 일러두기

＊본 교본은 서예를 배울 때 한 획, 한 획 바른 서체를 익혀가듯 단순하고 간소화된 바른 형태의 신체 구조를 중시합니다.

＊본 교본은 마음과 몸의 실용적인 구조와 기능 속에 권법(拳法)의 묘리를 내포하고 있습니다. 또한 태극권의 핵심인 방송(放松)의 운기로 인간(人間)이 하늘과 땅 기운에 근간을 두고 삶을 건강하고 윤택하게 할 수 있는 방향성의 길을 지향합니다.

＊본 실용태극권은 움직이는 선(禪)으로서 마음과 몸에 본래의 태극성 회복을 지향합니다. 그리하여 무위자연(無爲自然)의 도(道)가 일상에 공존하는 것과 말과 글의 생각에 안정(安靜)과 안심(安心)으로 최정상(最頂上)의 행을 지향합니다.

＊본 교본을 참고로 진식실용태극권을 익혀나가는 데 좀 더 수월할 수 있도록 최대한 난해한 용어나 설명은 기피하였고 기본적인 바른 체(體)의 구조와 구성에 도움이 되고자 교본을 작성하였으며 시절 인연이 된다면 꼭 눈 밝은 인도자(引導者)와 직접 소통하며 익혀가야 합니다.

＊본 교본은 권법 동작의 방향은 정면을 동쪽으로 하여 기세(起勢)를 시작합니다. 이때 뒤쪽은 서쪽, 오른쪽은 남쪽, 왼쪽은 북쪽이 됩니다. 동시에 안법의 방향, 신법이 회전한 후 가슴의 방향, 보법의 방향, 보행 후 서 있는 방향, 수법의 운동 방향, 손이 고정된 후 손바닥의 방향, 중지의 방향을 동서남북 4방향과 동북, 동남, 서북, 서남 4가지의 비스듬한 방향으로 표기하였습니다.

＊본 교본에서 수법 설명 시 방향 기준점은 다음과 같습니다. 명치 부위는 호근(弧近), 배꼽 아래 좌우 부위는 호저(弧底), 어깨와 수평 끝 좌우 부위는 호첨(弧尖), 머리 위 좌우 부위는 호정(弧頂)입니다.

진식실용태극권 추수의 십삼세(十三勢) 운용

홍균생 노사는 "태극권은 하나의 건축물과 같으며 십삼세(十三勢)는 그것의 건축 재료다"라고 하였다. 태극권의 심법(心法)이란 무위법(無爲法)이고, 신법(身法)은 중정법(中正法)이고, 보법(步法)은 전후법이고, 수법(手法)은 붕·랄·제·안·채·열·주·고이다.

1. 안법(眼法)은 눈에 의지해 나타난다.

눈은 변화를 관찰하고 감지하는 기관이다. 관찰 범위는 모든 방위이며 올바른 중정으로 자연스러워야 하며 온전한 의식으로 깨어 있어야 한다.

2. 신법(身法)은 보법과 수법의 움직임을 담당한다.

진식태극권의 신법은 주로 나선 운동의 형식이기 때문에 좌우로 회전할 때에는 자연스럽게 입체 나선형으로 만들어진다. 일반 태극권에서는 회전 방향이 주로 45°로 몸통을 회전하는 데 비해 진식실용태극권에서는 상하로 맞물린 기어 추동력에 따라 45°보다 더 많이 회전할 수 있다는 점에 유의해야 한다. 물론 보법의 진퇴와 신법의 상황에 따라 각도를 더 크게 할 수도 있다. 그리고 몸을 회전할 때 어깨 한쪽은 약간 높게, 다른 한쪽은 약간 낮게 기울어져 있어야 나선 본체를 만들 수 있지만, 너무 지나쳐서 허리가 꺾이면 안 된다. 신법은 경직된 중정이 아니라 움직임 속에 안정된 중정을 요구한다. 사타구니 안쪽을 이완하고 원형이 되도록 벌려서 편안함을 유지한다.

3. 보법(步法)은 상하배합의 법칙이 중요하다.

나아가고 물러나며 신법의 회전과 상황에 따라서 변한다. 기본 보형은 마보(馬步)로 허실을 전환하고 흐름은 물과 같으며, 멈추는 곳에서는 산처럼 안정된다. 방송으로 가라앉히는 가운데 가벼움이 있어야 한다. 그리고 무릎을 들어올리는 동작에서 지탱하는 다리는 굳건해야 하고, 발바닥의 중심력이 상대 다리의 반탄력에 밀리지 않도록 해야 한다.

경(勁)을 운용하는 것은 보법의 진퇴와 같이 사용한다. 추수에서 말하는 "사량(四兩)으로 천근(千斤)을 이긴다"라는 견인법은 손으로 하는 것이 아니라 경의 운용으로써 상대의 중심을 이용하는 것이다. 중심을 무너트리면 사량이 천 근의 역할을 발휘할 수 있다. 물론 상하가 잘 맞아야 한다.

4. 수법(手法)은 순전(順纏)과 역전(逆纏)으로 서로 교차한다.

순전이란 손바닥을 위쪽으로 뒤집는 것으로서 이때 새끼손가락은 휘감아 들어오고 엄지는 바깥쪽으로 돌아간다. 팔꿈치와 손목은 가라앉으며 호선을 그린다. 역전이란 손바닥을 아래로 뒤집는 것으로서, 이때 엄지는 안쪽으로 돌아가며 새끼손가락은 바깥으로 돌린다. 손이 팔꿈치를 통솔하고 팔꿈치가 어깨를 움직이게 한다. 팔꿈치를 거두어들일 때에는 옆구리 가장자리로 가까이 당긴다. 손의 열고 닫음은 작게 가슴 앞에서 변화한다. 팔꿈치를 느슨하게 이완하고 가라앉히는 것은 매우 중요하다.

진식실용태극권 팔법(八法)

태극권 8법은 전사경(纏絲勁)을 기본으로 한다. 전사경은 조화롭게 어우러진 하나의 힘을 가리킨다. 즉, 나선운동의 순역변화를 통해 지속적으로 단련하여 생기는 힘이며, 순조롭고 자연스런 흐름으로 이끌어 감는 힘이다. 이것을 내력이라고도 부른다. 전사의 힘을 이용하여 여러가지 관통하는 수법이 붕·랄·제·안·채·열·주·고 8가지 종류이다.

1. 붕(掤)

붕법은 사방팔방에서 공격해 들어오는 상대방의 손을 순역의 변화로 마주하여 접하는 실용법으로, 여기에는 정붕과 반붕이 있다. 정면에서 손을 접하는 제1식 금강도대의 제1동작은 정붕이다. 배후에서 손을 접하는 이기각, 포두추산과 2로의 복호 동작은 반붕이다. 붕법은 상대의 변화에 따라 순전으로 손을 접하는 도대, 포두추산, 이기각, 역전으로 손을 접하는 2로의 복호가 있다. 제5식 좌전신금강도대는 좌붕법이고 제13식 우전신금강도대는 우붕법이다. 좌측 붕법은 역전으로 접하고, 우측 붕법은 순전으로 접한다. 붕법은 인화(引化)위주이다.

2. 랄(挒)

랄법은 비스듬하게 거두어들여 무력화하는 수법으로 좌우·상하·뒤쪽으로 떨어지지 않게 하며 팔이 너무 느슨하거나 무거우거나 높아서도 안 된다. 손을 접하는 법칙은 오른손을 오른손이 맞이하고 왼손은 왼손이 맞이함을 요구한다. 예를 들어 앞손은 상대의 팔꿈치 관절 위에 감겨져 있고 아래로 내려앉아 바깥쪽으로 이끌어 뒷손과 배합하여 합력으로 앞손의 팔꿈치 끝이 젖가슴 앞으로 이끌리면 분력으로 변하여 바깥쪽으로 이끈다. 이때 좌우 팔꿈치는 옆구리에서 떨어지지 않도록 붙인다. 제3식 육봉사폐는 좌랄법이고 제80식 당문포는 퇴보우랄법으로 좌우순전사로 합력에서 분력으로 나누어지며 행한다.

3. 제(擠)

제법은 손등을 바깥쪽으로 하여 상대를 밀치는 수법으로, 상대의 변화에 따라 변화하여 손바닥을 바깥쪽으로 뒤집어 누른다. 예를 들어 제4식 단편의 3동작과 4동작은 순으로 받아 역으로 펼친다. 또 다른 예로 제61식 좌진보제는 손바닥이 아래를 향하고 새끼손가락을 바깥쪽으로 역전하여 밀어내는 것이다.

4. 안(按)

안은 손바닥으로 상대방을 밀어내는 동작이다. 방법으로는 양손, 한 손의 방법이 있다. 양손의 안법은 손바닥을 역전하여 감아 상대를 누르는 것이다. 예를 들어 제3식 육봉사폐의 5동작은 양손을 오른쪽으로 역전하여 감아 상대의 양팔을 그 가슴에 봉(封)하는 것이다. 한 손의 안법은 한쪽 손바닥으로 상대를 밀어서 누르는 것인데, 제4식 단편의 5동작은 왼손 한 손으로 상대 가슴을 밀어 누르는 것이다.

5. 채(采)

채는 순전사로 상대방의 손목 부위에 접하고 뒤에 바로 역전으로 변환하여 왼쪽 혹은 오른쪽 후상방으로 이끈다. 이때 팔꿈치는 가라앉히고 어깨가 들뜨지 않도록 주의한다. 제1식 금강도대 1동작은 오른손이 순전사로 접하고 왼손은 가슴 위로 높이 올라간다. 접하는 양손은 비록 합력이었지만 즉시 분력으로 상대의 팔꿈치 관절을 닫는 것이다. 너무 무겁거나 가볍게 시도하지 않도록 달라붙어 이끌어야 한다. 이는 양손의 배합으로서의 채법이다. 한 손의 채법은 예를 들어 제6식 백학량시 2동작의 우채 좌안법이 있고, 제13식 금강도대 3번째 동작은 오른손 한 손의 채법과 오른발 소법으로 거두는 동작이다.

6. 열(挒)

오른쪽 전완을 상대의 팔꿈치 위에 얹고 합력으로 감은 후 순전사로 오른쪽 앞 아래로 돌리면서 양손에 배합하여 분력으로 우열법을 발출한다. 우열법은 오른손을 감을 때 팔꿈치를 안쪽으로 당긴다. 열법은 팔꿈치의 경을 사용한다. 상대방의 손목을 잡은 손이 순전으로 견고하게 돌려 잡아 약간 아래 안쪽으로 당긴다. 외형은 마치 역전하여 감는 것 같지만 실은 순전으로 감는 것으로, 이는 실용태극권의 면밀한 부분이다. 예를 들어 고탐마의 마지막 동작, 도권굉 좌우퇴보의 첫발, 2로 참수의 전신 동작은 모두 상대의 팔꿈치 관절을 닫는 것이다.

7. 주(肘)

주법에는 순란주, 요란주, 연환주(수주세)가 있다. 팔꿈치 방향과 보법의 방향이 일치하는 순란이 있고, 보법과 상반되는 요란주가 있다. 연환주는 양쪽 팔꿈치를 연환해서 사용한다.

8. 고(靠)

고법에는 어깨, 고관절, 엉덩이, 무릎 등 여러 가지가 있다. 어깨와 고관절은 보법에 의지하여 상대방의 다리 안쪽이나 바깥쪽으로 들어가는데 몸통이 매우 가까울 때 발끝을 내딛으며 경을 발출한다. 엉덩이 고법은 당경을 아래로 내려뜨려 상대의 다리를 누르는 것으로, 1로 제77식 천지룡의 2동작은 뒤에서 상대방이 허리를 끌어안는 것을 해결하는 작용법이다. 무릎 고법은 정면으로 무릎을 들어 상대의 낭심을 공격하는 실용법이다.

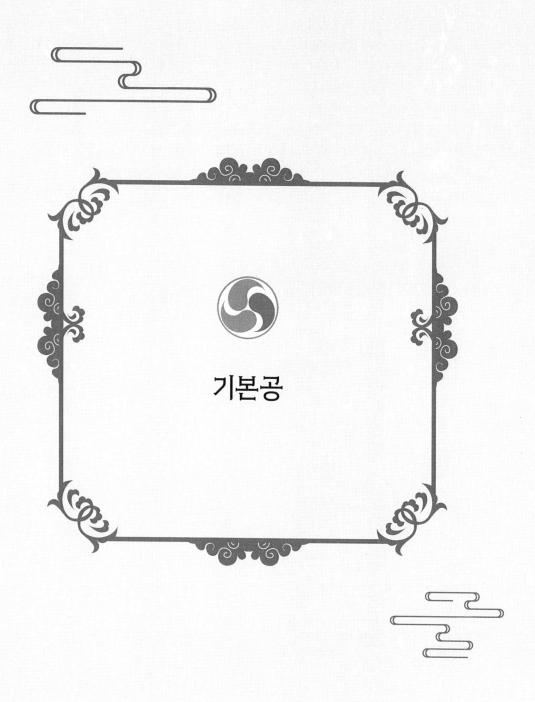

기본공

『수형(手形)』

1. 장(掌)

손가락은 중지를 죽으로 자연스럽게 치켜들듯 펼쳐 세운다. 무명지와 소지는 외선하여 양의 기운이고 엄지와 식지는 내선으로 음의 기운으로 나선형 형태로 나타나며 순역의 변화무쌍함으로 실행된다. 호구는 엄지와 식지가 약간 합쳐져 탱탱한 실(實)을 형성하고 엄지는 약간 뒤로 젖혀지게 만든다.

2. 권(拳)

네 손가락을 자연스럽게 말아 쥐고 엄지의 지문 부분이 중지의 제1, 2관절 중간에 위치하며 중지와 식지는 약간 밖으로 솟아 있고 권형은 나선 형태이다.

3. 구(勾)

다섯 손가락을 한곳에 합쳐 모으고 손가락이 쥐어져 있는 상태이고 손끝은 아래쪽을 향하며 손목에 힘을 빼고 손목을 들어 올려 갈고리의 형태를 나타낸다.

4. 파(把)

다섯 손가락 모두 곡선으로 굽히되, 모두 합쳐지지 않는다. 일상노동 중에 공구를 잡은 형태와 같고 실용 용법 중에 상대의 손이나 손목 부위를 잡은 것과 같은 형태이다.

『보형(步形)』

1. 정마보(正馬步)

시선과 가슴 방향은 정면을 향하고 의자에 앉듯 고관절을 접어 내려앉는다. 이때 꼬리뼈를 너무 안으로 당기거나 밖으로 내밀어 치솟지 않도록 주의한다. 보폭을 어깨너비 1.5배 정도로 벌리고 양쪽 무릎과 발끝은 수평에 근접하며 양쪽 대퇴에 지탱되는 공력과 발바닥에 접촉되는 힘은 균등하여야 한다.

2. 측마보(側馬步)

시선과 가슴은 좌측을 향하고 좌측 발끝을 45°로 벌리고 정마보와 같이 고관절을 접어 앉는다.

3. 궁보(弓步)

시선과 가슴은 좌측으로 90° 돌리고 정마보 상태에서 좌측 발과 우측 발의 각도를 45° 정도로 틀고 좌측 발은 정마보와 같이 고관절을 접어 내려앉고 우측 발은 무릎을 굽혀 간장되지 않도록 신축성 있게 편다. 단 허실의 배합이 앞발과 뒷발의 체중을 균등한 비율로 유지하고 고관절 인대 부위의 힘이 너무 느슨하거나 긴장되지 않도록 적절히 유지되도록 한다.

4. 허보(虛步)

- 전허보(前虛步)

시선과 가슴은 좌측으로 45° 돌리고 오른쪽 다리는 고관절을 접어 내려앉고 발끝은 비스듬하게 벌린다 이때 체중이 실린 다리가 실이 된다. 왼쪽 다리는 좌우와 앞뒤 폭을 어깨너비 1.5배 정도로 한다. 발끝은 전방을 향하며 뒤꿈치는 지면에서 살짝 든다. 이때 왼쪽 다리가 허이다. 이때 허실다리의 체중이 실리는 공력은 균등하고, 몸놀림이 치우치지 않도록 해야 한다.

- 후허보(後虛步)

　시선과 가슴은 좌측으로 45° 돌리고 왼쪽 고관절을 접어 정마보와 같이 내려앉고 발끝을 비스듬하게 안으로 향한다(實). 오른쪽 다리는 발뒤꿈치를 들고 발끝을 앞으로 향하게 한다(虛).

5. 부보(仆步)

　시선은 좌측을 보고 가슴은 정면을 향한다. 오른쪽 다리는 고관절을 깊게 접어 앉고 왼쪽 다리는 발끝을 안쪽으로 당겨 발바닥 전체가 지면에 붙도록 한다.

6. 헐보(歇步)

　시선은 좌측으로 90° 돌리고 오른쪽 팔꿈치를 축으로 발끝을 바깥쪽으로 돌리고 왼발은 동시에 발끝을 축으로 발뒤꿈치를 들어 앉는 작은 보형에 속한다.

7. 독립보(獨立步)

　시선과 가슴은 정면을 향하고 왼쪽 고관절 인대 부위를 이완하여 왼쪽 다리를 견고하게 세우고 오른쪽 다리는 무릎을 굽혀 올린다. 오른쪽 발바닥을 이완하여 자연스럽게 하고 발끝을 팽팽히 하거나 너무 느슨하게 해서는 안 되는 평형 동작에 속한다.

『좌우보법(左右步法)』

시선과 가슴을 동쪽으로 향한다. 양쪽 다리는 고관절의 경(勁)을 가라앉혀 안정되게 유지한다. 양쪽 발은 어깨너비로 벌리고 양쪽 팔꿈치를 가라앉혀 원만하게 만든다.

- 좌측보법(左側步法)

1. 시선은 동북쪽을 보고 신법은 오른쪽으로 돌려 가슴을 동남쪽으로 향한다. 오른쪽 다리는 고관절의 경을 가라앉혀 견고하게 세우고 왼쪽 다리는 좌측으로 발뒤꿈치를 지면을 쓸듯이 나아가 부보를 만든다.

2. 시선은 불변하고 신법은 왼쪽으로 돌려 가슴을 동쪽으로 향한다. 오른쪽 다리는 고관절을 열어 왼쪽으로 돌리고 왼쪽 다리는 고관절을 내측으로 접고 뒤꿈치를 축으로 발끝을 돌려 마보를 만든다.

3. 시선은 불변하고 신법은 왼쪽으로 돌려 가슴을 동북쪽으로 향한다. 왼쪽 다리는 고관절의 경을 가라앉혀 내측으로 접어 견고하게 세우고 오른발을 당겨 후허보를 만든다.

4. 시선은 불변하고 신법은 왼쪽으로 계속 돌려 가슴을 북쪽으로 비스듬히 향한다. 왼쪽 다리는 고관절을 내측으로 접어 견고하게 세우고 오른쪽 다리는 발끝으로 지면을 쓸듯이 남쪽으로 빠져 궁보를 만든다.

5. 시선은 불변하고 신법은 오른쪽으로 돌려 가슴을 동쪽으로 향한다. 왼쪽 다리는 고관절을 열어 오른쪽으로 돌리고 오른쪽 다리는 발뒤꿈치를 축으로 발끝을 바깥쪽으로 돌려 마보를 만든다.

6. 시선은 불변하고 신법은 오른쪽으로 돌려 가슴을 비스듬히 동쪽으로 향한다. 오른쪽 다리는 고관절의 경을 가라앉혀 견고하게 세우고 왼쪽 다리는 오른쪽 다리 내측으로 당겨 전허보를 만든다.

- 우측보법(右側步法)
  우측보법은 좌측보법의 방향만 바꾸어 동일하므로 생략한다.

『전후보법(前後步法)』

시선과 가슴을 남쪽으로 향한다. 양쪽 다리는 고관절의 경을 가라앉혀 안정되게 유지한다. 양쪽 발은 어깨너비로 벌리고 양쪽 팔꿈치를 가라앉혀 원만하게 만든다.

- 좌측보법(左側步法)
  1. 시선은 동쪽을 보고 신법은 왼쪽으로 돌려 가슴을 비스듬히 동북쪽으로 향한다. 왼쪽 다리는 고관절의 경을 가라앉혀 발뒤꿈치를 축으로 발끝을 바깥쪽으로 돌리고 오른쪽 다리는 발끝을 축으로 발뒤꿈치를 바깥쪽으로 돌려 헐보를 만든다.

  2. 시선과 신법은 불변하고 가슴은 비스듬히 북쪽을 향한다. 왼쪽 다리는 고관절의 경을 가라앉혀 견고하게 세우고 오른쪽 다리는 한 발 나아가 발뒤꿈치를 지면에 내려 부보를 만든다.

  3. 시선은 불변하고 신법은 계속 왼쪽으로 돌려 가슴을 북쪽으로 향한다. 양쪽 다리는 고관절의 경을 가라앉혀 견고하게 세워 마보를 만든다.

4. 시선과 신법은 불변하고 가슴을 비스듬히 북쪽으로 향한다. 왼쪽 다리는 고관절의 경을 가라앉혀 견고하게 세우고 오른쪽 다리는 고관절의 경을 열어 부보를 만든다.

5. 시선은 불변하고 신법은 약간 오른쪽으로 돌리고 가슴을 비스듬히 동북쪽으로 향한다. 왼쪽 다리는 고관절의 경을 가라앉혀 견고하게 세우고 오른쪽 다리는 들어 뒤쪽으로 빠져 발끝을 지면에 내려놓고 헐보를 만든다.

6. 시선과 신법은 오른쪽으로 돌려 가슴을 남쪽으로 향한다. 왼쪽 다리는 발뒤꿈치를 축으로 발끝을 안쪽으로 돌리고 오른쪽 다리는 발끝을 축으로 발뒤꿈치를 안쪽으로 돌려 마보를 만든다.

- 우측보법(右側步法)

  우측보법은 좌측보법의 방향을 바꾸어 동일하므로 생략한다.

『상하보법(上下步法)』

시선과 가슴을 동쪽으로 향한다. 양쪽 다리는 고관절의 경을 가라앉혀 견고하게 세우고 양쪽 발은 어깨너비로 빌린다. 양팔은 팔꿈치를 가라앉혀 원을 만든다.

- 좌측보법(左側步法)
  1. 시선과 가슴을 동쪽으로 향한다. 오른쪽 다리는 고관절의 경을 가라앉혀 견고하게 세우고 왼쪽 무릎을 들어올린다.

  2. 시선과 가슴을 정면으로 향한다. 오른쪽 다리는 고관절의 경을 가라앉혀 견고하게 세우고 왼발은 오른발 측면에 내려놓는다.

- 우측보법(右側步法)
  우측보법은 좌측보법의 방향만 바꾸어 동일하므로 생략한다.

『좌우전법(左右纏法)』

- 좌측 정선보법(左側正旋步法)
  시선과 가슴을 동쪽으로 향한다. 양쪽 다리는 고관절의 경을 가라앉혀 안정되게 유지한다. 양쪽 발은 어깨너비로 벌리고 양쪽 팔꿈치를 가라앉혀 원만하게 만든다.

1. 시선은 왼쪽을 보고 신법은 오른쪽으로 돌려 가슴을 비스듬히 동남쪽으로 향한다. 오른쪽 다리는 고관절의 경을 가라앉혀 견고하게 세우고 왼쪽 다리는 좌측으로 발 뒤꿈치를 지면을 쓸듯이 큰 보폭으로 나아가 부보를 만든다. 오른손은 팔꿈치를 가라앉혀 오른쪽 허리에 붙이고 왼손은 팔꿈치를 늑골에 붙여 손을 호근으로 당겨 모은다. 손바닥은 서남쪽을 향하고 중지는 위로 비스듬히 치켜세운다.

2. 시선은 불변하고 신법은 왼쪽으로 돌려 가슴을 동쪽으로 향한다. 오른쪽 다리는 고관절의 경을 가라앉혀 열고 왼쪽 다리는 발뒤꿈치를 축으로 발끝을 바깥쪽으로 돌려 마보를 만든다. 왼손은 역전하여 팔꿈치를 가라앉혀 손바닥은 남쪽을 향하고 중지는 위쪽으로 치켜세운다.

3. 시선은 불변하고 신법은 왼쪽으로 돌려 가슴을 동북쪽으로 향한다. 왼쪽 다리는 고관절의 경을 가라앉혀 견고하게 세우고 오른발을 당겨 후허보를 만든다. 왼손은 역전하여 팔꿈치를 가라앉혀 동북쪽 호정으로 펼치고 손바닥은 동북쪽을 향하며 중지는 위쪽으로 비스듬히 치켜세운다.

4. 시선은 불변하고 신법은 왼쪽으로 계속 돌려 가슴을 북쪽으로 비스듬히 향한다. 왼쪽 다리는 고관절을 내측으로 접어 견고하게 세우고 오른쪽 다리는 발끝을 지면을 쓸듯이 뒤쪽으로 빠져 궁보를 만든다. 왼손은 역전하여 원을 그리며 북쪽 호정으로 펼치고 손바닥은 북쪽을 향하고 중지는 비스듬히 위를 향한다.

5. 시선은 불변하고 신법은 오른쪽으로 돌려 가슴을 동쪽으로 향한다. 왼쪽 다리는 고관절을 열고 오른쪽 다리는 발뒤꿈치를 축으로 발끝을 바깥쪽으로 돌려 마보를 만든다. 왼손은 순전하여 팔꿈치를 가라앉혀 북쪽 호첨으로 펼친다. 손바닥은 동쪽으로 향하고 중지는 위로 비스듬히 치켜세운다.

6. 시선은 불변하고 신법은 약간 오른쪽으로 돌려 가슴을 비스듬히 동쪽으로 향한다. 오른쪽 다리는 고관절의 경을가라앉혀 견고하게 세우고 왼쪽 다리는 오른쪽 다리 내측으로 당겨 전허보를 만든다. 왼손은 팔꿈치를 가라앉혀 호저로 당기고 손바닥은 동쪽을 향하며 중지는 위로 비스듬히 치켜세운다.

- 우측 정선보법(右側正旋步法)
  우측보법은 좌측보법의 방향만 바꾸어 동일하므로 설명은 생략한다.

『좌우측 정선 배합보법(左右側正旋配合步法)』

시선과 가슴을 동쪽으로 향한다. 양쪽 다리는 고관절의 경을 가라앉혀 안정되게 유지한다. 양쪽 발은 어깨너비로 벌리고 양쪽 팔꿈치를 가라앉혀 원만하게 만든다.

- 좌측 정선 배합보법(左側正旋配合步法)
  1. 시선은 왼쪽을 보고 신법은 오른쪽으로 돌려 가슴을 동남쪽으로 향한다. 오른쪽 다리는 고관절의 경을 가라앉혀 견고하게 세우고 왼쪽 다리는 좌측으로 큰 보폭으로 나아가 부보를 만든다. 왼손은 팔꿈치를 늑골에 붙여 손은 호근으로 당겨 모으고 손바닥은 서남쪽을 향하고 중지는 위로 비스듬히 치켜세운다. 오른손은 동남쪽 호정으로 펼치고 손바닥은 동쪽을 향하며 중지는 위쪽으로 비스듬히 치켜세운다.

  2. 시선은 왼쪽을 보고 신법은 왼쪽으로 돌려 가슴을 동쪽으로 향한다. 오른쪽 다리는 고관절의 경을 가라앉혀 열고 왼발은 뒤꿈치를 축으로 발끝을 돌려 마보를 만든다. 왼손은 역전하여 팔꿈치를 가라앉혀 손바닥은 남쪽을 향하고 중지는 위로 비스듬히 치켜세운다. 오른손은 남쪽 호첨으로 펼치고 손바닥은 동쪽을 향하며 중지

는 위로 비스듬히 치켜세운다

3. 시선은 왼쪽을 보고 신법은 왼쪽으로 돌려 가슴을 동북쪽으로 향한다. 왼쪽 다리는 고관절의 경을 가라앉혀 견고하게 세우고 오른발을 당겨 후허보를 만든다. 왼손은 역전하여 팔꿈치를 가라앉혀 동북쪽 호정으로 펼쳐 손바닥은 동북쪽을 향하고 중지는 위로 비스듬히 치켜세운다. 오른손은 팔꿈치를 가라앉혀 오른쪽 호저로 당기고 손바닥은 동북쪽을 향하며 중지는 위로 비스듬히 치켜세운다.

4. 시선은 왼쪽을 보고 신법은 왼쪽으로 돌려 가슴을 북쪽으로 비스듬히 향한다. 왼쪽 다리는 고관절을 가라앉혀 견고하게 세우고 오른쪽 다리는 발끝을 지면을 쓸듯이 남쪽으로 빠져 궁보를 만든다. 왼손은 역전시켜 원을 그리며 북쪽 호정으로 펼치고 손바닥은 북쪽을 향하며 중지는 위로 비스듬히 치켜세운다. 오른손은 호근으로 당기고 손바닥은 서북쪽을 향하며 중지는 위로 비스듬히 치켜세운다.

5. 시선은 왼쪽을 보고 신법은 오른쪽으로 돌려 가슴을 동쪽으로 향한다. 왼쪽 다리는 고관절을 열고 오른쪽 다리는 발뒤꿈치를 축으로 발끝을 바깥쪽으로 돌려 마보를 만든다. 왼손은 순전하여 원을 그리며 북쪽 호첨으로 펼치고 손바닥은 동쪽을 향하고 중지는 위로 비스듬히 치켜세운다. 오른손은 역전하여 손바닥은 북쪽을 향하고 중지는 위로 비스듬히 치켜세운다.

6. 시선은 불변하고 신법은 오른쪽으로 돌려 가슴을 비스듬히 동쪽으로 향한다. 오른쪽 다리는 오른쪽 고관절의 경을 가라앉혀 견고하게 세우고 왼쪽 다리를 당겨 전허보를 만든다. 왼손은 팔꿈치를 가라앉혀 호저로 당기고 손바닥은 동남쪽을 향하며 중지는 위로 비스듬히 치켜세운다. 오른손은 동남쪽 호정으로 펼치고 손바닥은 동남쪽을 향하며 중지는 위쪽으로 비스듬히 치켜세운다.

- 우측 정선 배합보법(右側正旋配合步法)

　우측 정선 배합보법은 좌측 정선 배합보법의 방향만 바꾸어 동일하므로 설명은 생략한다.

『좌우측 반선보법(左右側反旋步法)』

　시선과 가슴을 동쪽으로 향한다. 양쪽 다리는 고관절의 경을 가라앉혀 안정되게 유지한다. 양쪽 발은 어깨너비로 벌리고 양쪽 팔꿈치를 가라앉혀 원만하게 만든다.

- 좌측 반선보법(左側反旋步法)
　1. 시선은 왼쪽을 보고 신법은 오른쪽을 돌려 가슴을 동남쪽으로 향한다. 오른쪽 다리는 고관절의 경을 가라앉혀 견고하게 세우고 왼쪽 다리는 북쪽으로 나아가 부보를 만든다. 오른손은 팔꿈치를 가라앉혀 오른쪽 허리에 붙이고 왼손은 팔꿈치를 늑골에 붙이고 손은 호근으로 당겨 손바닥은 서남쪽을 향하며 중지는 위로 비스듬히 치켜세운다.

　2. 시선은 불변하고 신법은 왼쪽으로 돌려 가슴을 동쪽으로 향한다. 오른쪽 다리는 고관절의 경을 가라앉혀 열고 왼쪽 다리는 발뒤꿈치를 축으로 발끝을 바깥쪽으로 돌려 마보를 만든다. 왼손은 팔꿈치를 가라앉혀 역전하여 손바닥은 남쪽을 향하고 중지는 위로 비스듬히 치켜세운다.

　3. 시선은 불변하고 신법은 왼쪽으로 돌려 가슴을 동북쪽으로 향한다. 왼쪽 다리는 고관절의 경을 가라앉혀 견고하게 세우고 오른쪽 다리를 당겨 후허보를 만든다.

왼손은 역전하여 원을 그리며 북쪽 호저로 펼치고 손바닥은 아래로 향하며 중지는 위로 비스듬히 치켜세운다.

4. 시선은 불변하고 신법은 왼쪽으로 돌려 가슴을 북쪽으로 비스듬히 향한다. 왼쪽 다리는 고관절을 내측으로 접어 견고하게 세우고 오른쪽 다리는 발끝을 지면을 쓸듯이 뒤쪽으로 빠져 궁보를 만든다. 왼손은 역전하여 원을 그리며 북쪽 호첨으로 펼치고 손바닥은 북쪽으로 비스듬히 향하고 중지는 위로 비스듬히 치켜세운다.

5. 시선은 불변하고 신법은 오른쪽으로 돌려 가슴을 동쪽으로 향한다. 왼쪽 다리는 고관절의 경을 열고 오른쪽 다리는 발뒤꿈치를 축으로 발끝을 바깥쪽으로 돌려 마보를 만든다. 왼손은 북쪽 호첨으로 펼치고 손바닥은 동쪽을 향하고 중지는 위로 비스듬히 치켜세운다.

6. 시선은 불변하고 신법은 오른쪽으로 돌려 가슴을 비스듬히 동쪽으로 향한다. 오른쪽 다리는 고관절의 경을 가라앉혀 견고하게 세우고 왼쪽 다리는 오른쪽 다리 내측으로 당겨 전허보를 만든다. 왼손은 순전하여 원을 그리며 호정으로 당기고 손바닥은 동남쪽을 향하며 중지는 위로 비스듬히 치켜세운다.

- 우측 반선보법(右側反旋步法)

　　우측 반선보법은 좌측 반선보법의 방향만 바꾸어 동일하므로 설명은 생략한다.

『좌우측 반선 배합보법(左右側反旋配合步法)』

- 좌측 반선 배합보법(左側反旋配合步法)

　　시선과 가슴을 동쪽으로 향한다. 양쪽 다리는 고관절의 경을 가라앉혀 안정되게 유지한다. 양쪽 발은 어깨너비로 벌리고 양쪽 팔꿈치를 가라앉혀 원만하게 만든다.

1. 시선은 왼쪽을 보고 신법은 오른쪽으로 돌려 가슴을 동남쪽으로 향한다. 오른쪽 다리는 고관절의 경을 가라앉혀 견고하게 세우고 왼쪽 다리는 좌측으로 나아가 부보를 만든다. 왼손은 가슴 앞으로 당기고 손바닥은 서남쪽을 향하고 중지는 위쪽으로 비스듬히 치켜세운다. 오른손은 남쪽 호저로 펼치고 손바닥은 아래를 향하고 중지는 위로 비스듬히 치켜세운다.

2. 시선은 불변하고 신법은 왼쪽으로 돌려 가슴을 동쪽으로 향한다. 오른쪽 다리는 고관절의 경을 가라앉혀 열고 왼발은 뒤꿈치를 축으로 발끝을 돌려 마보를 만든다. 왼손은 팔꿈치를 가라앉혀 역전하여 손바닥은 남쪽을 향하고 중지는 위로 치켜세운다. 오른손은 역전으로 원을 그리며 남쪽 호첨으로 펼친다. 손바닥은 동쪽을 향하며 중지는 위로 비스듬히 치켜세운다.

3. 시선은 불변하고 신법은 왼쪽으로 돌려 가슴을 동북쪽으로 향한다. 왼쪽 다리는 고관절의 경을 가라앉혀 견고하게 세우고 오른발을 당겨 후허보를 만든다. 왼손은 역전하여 원을 그리며 북쪽 호저로 펼치고 손바닥은 아래를 향하며 중지는 위로 비스듬히 치켜세운다. 오른손은 순전하여 원을 그리며 동남쪽 호정으로 들어올리고 손바닥은 북쪽을 향하고 중지는 위로 비스듬히 치켜세운다.

4. 시선은 불변하고 신법은 왼쪽으로 돌려 가슴을 북쪽으로 비스듬히 향한다. 왼쪽 다리는 고관절의 경을 가라앉혀 견고하게 세우고 오른발은 발끝을 지면을 쓸듯이 남쪽으로 빠져 궁보를 만든다. 왼손은 역전하여 서북쪽 호저에서 약간 위로 원을 그리며 펼치고 손바닥은 아래를 향하며 중지는 위로 비스듬히 치켜세운다. 오른손은 팔꿈치를 가라앉혀 순전하여 원을 그리며 호근으로 당기고 손바닥은 서북쪽을 향하고 중지는 위로 비스듬히 치켜세운다.

5. 시선은 불변하고 신법은 오른쪽으로 돌려 가슴을 동쪽으로 향한다. 왼쪽 다리는 고관절의 경을 가라앉혀 열고 오른쪽 다리는 발뒤꿈치를 축으로 발끝을 바깥쪽으로 돌려 마보를 만든다. 왼손은 북쪽 호첨으로 펼치고 손바닥은 동쪽을 향하고 중지는 위로 비스듬히 치켜세운다. 오른손은 역전하여 호근에서 원을 그리며 손바닥은 북쪽을 향하고 중지는 위로 비스듬히 치켜세운다.

6. 시선은 불변하고 신법은 오른쪽으로 돌려 가슴을 약간 동남쪽으로 향한다. 오른쪽 다리는 고관절의 경을 가라앉혀 견고하게 세우고 왼쪽 다리를 당겨 전허보를 만든다. 왼손은 팔꿈치를 가라앉혀 순전하여 원을 그리며 동북쪽 호정으로 펼치고 손바닥은 동남쪽을 향하고 중지는 위로 비스듬히 치켜세운다. 오른손은 남쪽 호저로 내리고 손바닥은 아래를 향하며 중지는 위로 비스듬히 치켜세운다.

- 우측 반선 배합보법(右側反旋配合步法)

우측 반선 배합보법은 좌측 반선 배합보법의 방향만 바꾸어 동일하므로 설명은 생략한다.

『정반선 배합보법(正反旋配合步法)』

- 좌반 우정선 배합보법(左反右正旋配合步法)

시선과 가슴을 동쪽으로 향한다. 양쪽 다리는 고관절의 경을 가라앉혀 안정되게 유지한다. 양쪽 발은 어깨너비로 벌리고 양쪽 팔꿈치를 가라앉혀 원만하게 만든다.

1. 시선은 왼쪽을 보고 신법은 오른쪽으로 돌려 가슴을 동남쪽으로 향한다. 오른쪽 다리는 고관절의 경을 가라앉혀 건고하게 세우고 왼쪽 다리는 좌측으로 나아가 부보를 만든다. 왼손은 팔꿈치를 늑골에 붙여 손은 호근으로 모으고 손바닥은 서남쪽을 향하고 중지는 위로 비스듬히 치켜세운다. 오른손은 동남쪽 호정으로 펼치고 손바닥은 동남쪽을 향하며 중지는 위쪽으로 비스듬히 치켜세운다.

2. 시선은 불변하고 신법은 왼쪽으로 돌려 가슴을 동쪽으로 향한다. 오른쪽 다리는 고관절의 경을 가라앉혀 열고 왼발은 뒤꿈치를 축으로 발끝을 돌려 마보를 만든다. 왼손은 역전하여 팔꿈치를 가라앉혀 호근에서 자전하고 손바닥은 남쪽을 향하고 중지는 위로 비스듬히 치켜세운다. 오른손은 남쪽 호첨으로 펼치며 손바닥은 동쪽을 향하고 중지는 위로 비스듬히 치켜세운다.

3. 시선은 불변하고 신법은 왼쪽으로 돌려 가슴을 동북쪽으로 향한다. 왼쪽 다리는 고관절의 경을 가라앉히고 오른발을 당겨 후허보를 만든다. 왼손은 팔꿈치를 가라앉혀 북쪽 호저로 펼치고 손바닥은 아래를 향하며 중지는 위로 비스듬히 치켜세운다. 오른손은 팔꿈치를 가라앉혀 호저로 당기고 손바닥은 동북쪽을 향하며 중지는 위로 비스듬히 치켜세운다.

4. 시선은 불변하고 신법은 왼쪽으로 돌려 가슴을 북쪽으로 비스듬히 향한다. 왼쪽 다리는 고관절을 가라앉혀 견고하게 세우고 오른발은 발끝을 지면을 쓸듯이 남쪽으로 빠져 궁보를 만든다. 왼손은 역전하여 원을 그리며 북쪽 호첨으로 펼치고 손바닥은 아래를 향하고 중지는 위로 비스듬히 치켜세운다. 오른손은 팔꿈치를 늑골에 붙이며 손은 호근으로 당기고 손바닥은 서북쪽을 향하며 중지는 위로 비스듬히 치켜세운다.

5. 시선은 왼쪽을 보고 신법은 오른쪽으로 돌려 가슴을 동쪽으로 향한다. 왼쪽 다리는 고관절의 경을 가라앉혀 열고 오른쪽 다리는 발뒤꿈치를 축으로 발끝을 바깥쪽으로 돌려 마보를 만든다. 왼손은 북쪽 호첨에서 순전하고 손바닥은 동쪽을 향하고 중지는 위로 비스듬히 치켜세운다. 오른손은 팔꿈치를 늑골에 붙이고 호근에서 역전하고 손바닥은 북쪽을 향하며 중지는 위로 치켜세운다.

6. 시선은 불변하고 신법은 오른쪽으로 돌려 가슴을 약간 동남쪽으로 향한다. 오른쪽 다리는 오른쪽 고관절의 경을 가라앉혀 견고하게 세우고 왼쪽 다리를 당겨 전허보를 만든다. 왼손은 팔꿈치를 가라앉혀 순전하여 원을 그리며 동북쪽 호정으로 올리고 손바닥은 동남쪽을 향하고 중지는 위로 비스듬히 치켜세운다. 오른손은 동남쪽 호정으로 펼치고 손바닥은 위를 향하며 중지는 위로 비스듬히 치켜세운다.

기본공

- 우정 좌반선 배합보법(右正左反旋配合步法)

시선과 가슴을 동쪽으로 향한다. 양쪽 다리는 고관절의 경을 가라앉혀 안정되게 유지한다. 양쪽 발은 어깨너비로 벌리고 양쪽 팔꿈치를 가라앉혀 원만하게 만든다.

1. 시선은 오른쪽을 보고 신법은 왼쪽으로 돌려 가슴을 동북쪽으로 향한다. 왼쪽 다리는 고관절의 경을 가라앉혀 견고하게 세우고 오른쪽 다리는 우측으로 나아가 부보를 만든다. 왼손은 팔꿈치를 가라앉혀 호근으로 당기고 손바닥은 서남쪽을 향하며 중지는 위로 비스듬히 치켜세운다. 오른손은 팔꿈치를 가라앉혀 호근으로 당겨 왼쪽 손목 앞에서 X 자로 교차하며 손바닥은 서북쪽을 향하고 중지는 위로 비스듬히 치켜세운다.

2. 시선은 불변하고 신법은 오른쪽으로 돌려 가슴을 동쪽으로 향한다. 왼쪽 다리는 왼쪽 고관절의 경을 가라앉혀 열고 오른발은 뒤꿈치를 축으로 발끝을 돌려 마보를 만든다. 오른손은 팔꿈치를 가라앉혀 역전하여 손바닥은 북쪽을 향하고 중지는 위로 치켜세운다. 왼손은 팔꿈치를 가라앉혀 손바닥은 남쪽을 향하고 중지는 위로 치켜세운다.

3. 시선은 불변하고 신법은 오른쪽으로 돌려 가슴을 동남쪽으로 향한다. 오른쪽 다리는 고관절의 경을 가라앉히고 왼발을 당겨 후허보를 만든다. 오른손은 역전하여 원을 그리며 동남쪽 호정으로 펼치고 손바닥은 동남쪽을 향하며 중지는 위로 비스듬히 치켜세운다. 왼손은 팔꿈치를 가라앉혀 역전하여 동북쪽 호저로 펼치고 손바닥은 아래를 향하고 중지는 위로 비스듬히 치켜세운다.

4. 시선은 불변하고 신법은 오른쪽으로 돌려 가슴을 남쪽으로 비스듬히 향한다. 왼쪽 다리는 고관절을 가라앉혀 견고하게 세우고 오른발은 발끝을 지면을 쓸듯이 남쪽

으로 빠져 궁보를 만든다. 오른손은 호정에서 약간 남쪽으로 펼치고 손바닥은 남쪽을 향하고 중지는 위로 비스듬히 치켜세운다. 왼손은 호저에서 약간 북쪽으로 펼치고 손바닥은 서북쪽을 향하며 중지는 위로 비스듬히 치켜세운다.

5. 시선은 불변하고 신법은 왼쪽으로 돌려 가슴을 동쪽으로 향한다. 오른쪽 다리는 고관절의 경을 가라앉혀 열고 왼쪽 다리는 발뒤꿈치를 축으로 발끝을 바깥쪽으로 돌려 마보를 만든다. 오른손은 남쪽 호첨으로 펼치고 손바닥은 동쪽을 향하며 중지는 위로 비스듬히 치켜세운다. 왼손은 북쪽 호첨으로 펼치고 손바닥은 동쪽을 향하며 중지는 위로 비스듬히 치켜세운다.

6. 시선은 불변하고 신법은 약간 왼쪽으로 돌려 가슴을 동북쪽으로 향한다. 왼쪽 다리는 고관절의 경을 가라앉혀 견고하게 세우고 오른쪽 다리를 당겨 전허보를 만든다. 오른손은 팔꿈치를 가라앉혀 호저로 당기고 손바닥은 동북쪽을 향하고 중지는 위로 비스듬히 치켜세운다. 왼손은 동북쪽 호정으로 들어 올리고 손바닥은 위쪽을 향하며 중지는 위로 비스듬히 치켜세운다.

『좌우측 전후반선 배합보법(左右側前後反旋配合步法)』

- 좌측 전후반선 배합보법(左側前後反旋配合步法)
시선과 가슴을 남쪽으로 향한다. 양쪽 다리는 고관절의 경을 가라앉혀 안정되게 유지한다. 양쪽 발은 어깨너비로 벌리고 양쪽 팔꿈치를 가라앉혀 원만하게 만든다.

1. 시선은 동쪽을 보고 신법은 왼쪽으로 돌려 가슴을 동북쪽으로 향한다. 왼쪽 다리는 고관절의 경을 가라앉혀 발뒤꿈치를 축으로 발끝을 바깥쪽으로 돌리고 오른쪽

다리는 발끝을 축으로 발뒤꿈치를 바깥쪽으로 돌려 헐보를 만든다. 왼손은 팔꿈치를 가라앉혀 역전하여 원을 그리며 가슴 앞으로 당기고 손바닥은 동남쪽을 향하며 중지는 위로 비스듬히 치켜세운다. 오른손은 역전하여 원을 그리며 오른뺨 부위로 당기고 손바닥은 동북쪽을 향하며 중지는 위로 비스듬히 치켜세운다.

2. 시선은 동쪽을 보고 신법은 왼쪽으로 돌려 가슴을 동북쪽으로 향한다. 왼쪽 다리는 고관절의 경을 가라앉혀 견고하게 세우고 오른쪽 다리는 동쪽으로 나아가 측마보를 만든다. 오른손은 역전하여 동쪽 호첨으로 펼치고 손바닥은 아래를 향하며 중지는 위로 비스듬히 치켜세운다. 왼손은 팔꿈치를 가라앉혀 북쪽 호저로 펼치고 손바닥은 아래로 향하며 중지는 위로 비스듬히 치켜세운다.

3. 시선은 불변하고 신법은 왼쪽으로 돌려 가슴을 북쪽으로 향한다. 양쪽 다리는 고관절의 경을 가라앉혀 견고하게 세워 마보를 만든다. 오른손은 동쪽 호첨으로 펼치고 손바닥은 동쪽을 향하며 중지는 위로 비스듬히 치켜세운다. 왼손은 서북쪽 호첨으로 펼치고 손바닥은 서북쪽을 향하며 중지는 위로 비스듬히 치켜세운다.

4. 시선은 불변하고 신법은 왼쪽으로 돌려 가슴을 비스듬히 북쪽으로 향한다. 왼쪽 다리는 고관절의 경을 가라앉혀 견고하게 세우고 오른쪽 다리는 뒤로 빼고 발끝을 지면에 내려 헐보를 만든다. 왼손은 팔꿈치를 가라앉혀 역전하여 원을 그리며 왼쪽 뺨 부위로 당기고 손바닥은 동남쪽을 향하며 중지는 위로 비스듬히 치켜세운다. 오른손은 팔꿈치를 가라앉혀 순전하여 약간 당기고 손바닥은 위쪽으로 향하며 중지는 위로 비스듬히 치켜세운다.

5. 시선은 동쪽을 보고 신법은 오른쪽으로 돌려 가슴을 동남쪽으로 향한다. 왼쪽 다리는 발뒤꿈치를 축으로 발끝을 안쪽으로 돌리고 오른쪽 다리는 발끝을 축으로 발뒤꿈치를 안쪽으로 돌려 마보를 만든다. 오른손은 역전하여 원을 그리며 남쪽 호

저로 펼치고 손바닥은 아래를 향하며 중지는 위로 비스듬히 치켜세운다. 왼손은 팔꿈치를 가라앉혀 동쪽 호첨으로 펼치고 손바닥은 아래로 향하며 중지는 위로 비스듬히 치켜세운다.

6. 시선은 불변하고 신법은 오른쪽으로 돌려 가슴을 남쪽으로 향한다. 양쪽 다리는 고관절의 경을 가라앉혀 견고하게 세워 마보를 만든다. 오른손은 서남쪽 호첨으로 펼치고 손바닥은 서남쪽을 향하며 중지는 위로 비스듬히 치켜세운다. 왼손은 동쪽 호첨으로 펼치고 손바닥은 동쪽을 향하며 중지는 위로 비스듬히 치켜세운다.

- 우측 전후반선 배합보법(右側前後反旋配合步法)
　우측 전후반선 배합보법은 좌측 전후반선 배합보법의 방향만 바꾸어 동일하므로 설명은 생략한다.

『좌우측 상하 배합보법(左右側上下配合步法)』

- 좌측 상하 배합보법(左側上下配合步法)
　시선과 가슴을 동쪽으로 향한다. 양쪽 다리는 고관절의 경을 가라앉혀 안정되게 유지한다. 양쪽 발은 어깨너비로 벌리고 양쪽 팔꿈치를 가라앉혀 원만하게 만든다.

1. 시선과 가슴을 동쪽으로 향한다. 왼발은 고관절의 경을 가라앉혀 견고하게 세우고 오른발은 무릎을 들어 올린다. 오른손은 팔꿈치를 가라앉혀 순전하여 호근으로 들어 올리고 손바닥은 서북쪽을 향하고 중지는 위로 비스듬히 치켜세운다. 왼손은 역전하여 고관절 옆으로 벌리고 손바닥은 아래로 향하고 중지는 위로 비스듬히 치

켜세운다.

2. 시선은 동쪽을 향하고 가슴은 오른쪽으로 조금 돌려 동남쪽으로 향한다. 보법은 불변한다. 오른손은 역전하여 오른뺨을 지나 머리 위쪽으로 들어올려 손바닥은 위로 비스듬히 향하고 중지는 위로 비스듬히 치켜세운다. 왼손은 북쪽 아래로 누르고 손바닥은 아래를 향하며 중지는 위로 비스듬히 치켜세운다.

3. 시선은 불변하고 가슴을 동쪽으로 향한다. 보법은 오른발을 왼발 옆에 내려놓고 오른손은 순전하여 호근으로 내리고 손바닥은 서북쪽을 향하고 중지는 위로 비스듬히 치켜세운다. 왼손은 원위치를 유지한다.

- 우측 상하 배합보법(右側上下配合步法)

우측 상하 배합보법은 좌측 상하 배합보법의 방향만 바꾸어 동일하므로 설명은 생략한다.

81식 기초권법

진식실용태극권법은 1로 81식 기초권법(基礎拳法)과 2로 64식 포추권법(炮捶拳法)으로 나누어져 있다. 이 교본은 두 가지 권법의 동작과 실용적 작용 방법을 사진과 글로 설명하였다. 권법 동작의 방향은 정면을 동쪽으로 하여 기세(起勢)를 시작한다. 이때 뒤쪽은 서쪽, 오른쪽은 남쪽, 왼쪽은 북쪽이 된다. 각 초식에서 정면은 동서남북 4가지 정방향과 동남, 동북, 서남, 서북쪽의 4가지 비스듬한 방향으로 향할 수 있다. 동시에 안법의 방향, 신법이 회전한 후 가슴의 방향, 보법의 방향, 보행 후 서 있는 방향, 수법의 운동방향, 손이 고정된 후 손바닥의 방향, 중지의 방향 또한 4가지 정방향, 4가지 비스듬한 방향으로 표기하였다.

투로 권법 사진 역시 권법 수련할 때의 실제 방향에 따라 촬영하였다. 작용 방법의 사진은 명확히 작용되는 경선의 목적을 달성하기 위한 것이며 실제 작용은 사진상으로만 한정되어서는 안 된다. 이 책의 실용적인 작용법은 근본적으로 허령정경(虛靈頂勁)과 중정안서(中正安舒)의 심신의 중심에 기반을 두고 있다. 또한 상대의 중심을 감지하며 중심을 흐트러뜨리는 추수연공법을 적용하여 안전범위 내에서 채택하여 기술하였다.

이 책에서 권법의 동작 설명 순서는 안법, 신법, 보법, 수법 순으로 되어 있다. 수법을 설명할 때 쓰인 방향 기준점은 다음과 같다. 명치 부위는 호근(弧近), 배꼽 아래 좌우 부위는 호저(弧底), 어깨와 수평 끝 좌우 부위는 호첨(弧尖), 머리 위 좌우 부위는 호정(弧頂)으로 설명하였다. 이는 학습자들의 붕·랄·제·안·채·열·주·고(掤·捋·擠·按·采·挒·肘·靠)에 대한 이해를 돕기 위한 것이다.

그러나 붕·랄·제·안·채·열·주·고는 실전 운용에서는 상호 연결되어 광범위하고 변화무쌍하게 사용되는 기술이며, 이 책에서 촬영한 것처럼 결코 간단하지만은 않다. 마음과 몸에 공력을 갖고 있지 않으면 어떤 종류의 붕·랄·제·안·채·열·주·고를 사용하더라도 효

과가 없다. 태극권은 깊고 넓은 심오한 무술이지만 후대들에게 바르게 계승될 수만 있다면 귀중한 가치가 있을 것이다. 어떠한 권법이 좋고, 어떠한 권법이 나쁘다는 말은 결코 존재하지 않는다.

어떤 것이 좋고 나쁘다는 비난과 험담에서 벗어나 스스로 온전할 수 있도록 공력을 쌓아가는 것이 바른 공력의 최상의 권법이다. 어떤 권법도 수련만 하고 마음과 몸에 공력이 쌓이지 않으면 훌륭한 권법이 아니다. 권법을 배우는 사람은 이 도리(道理)를 깊이 깨닫지 않으면 모래 위에 집을 짓는 격으로 늘 비교의 잣대에서 허덕이게 된다.

0. 예비세

시선은 동쪽을 보고 마음을 가라앉히고 온몸을 편안하게 하며 신법은 움직이지 않으며 가슴은 동쪽을 향한다. 양발은 어깨너비로 벌리고 양 손바닥은 안쪽으로 하며 손가락은 가지런히 편다.

1. 금강도대(金剛搗碓)

모두 7개의 분해 동작이다.

1. 시선은 동쪽을 보고 신법은 먼저 오른쪽으로 돌리고 다시 왼쪽으로 돌려 가슴을 동쪽으로 향한다. 양쪽 다리는 어깨너비의 마보를 유지하고 신법을 왼쪽으로 돌리는 것에 따라 고관절의 경을 가라앉혀 견고하게 세운다. 왼손은 몸을 왼쪽으로 돌림과 동시에 팔꿈치를 가라앉혀 원을 그리며 왼쪽 어깨선과 평행을 이루고 손바닥은 아래쪽을 향하고 중지는 오른쪽으로 비스듬히 치켜세운다. 오른손은 순전하여 안쪽 아래로 원을 그리며 가슴 앞으로 비스듬히 들어 손바닥은 왼쪽 위로 향하고 중지는 위로 비스듬히 치켜세운다.

작용: 전방상붕법(前方上掤法)
상대가 앞쪽에서 오른손으로 가슴 부위를 공격하면, 몸을 왼쪽으로 약간 돌려 오른손으로 상대의 오른쪽 손목 외측에 접하여 공격해 오는 기세를 밖으로 밀어 중심을 잃게 하며, 동시에 왼손으로 오른쪽 팔꿈치 관절 위쪽을 덮어 팔꿈치의 공격을 방어한다.

2. 시선은 불변하고 신법은 오른쪽으로 돌려 가슴을 동남쪽으로 향한다. 오른쪽 다리는 발뒤꿈치를 축으로 발끝을 바깥쪽으로 돌린다. 왼손은 제자리에서 순전하며 팔꿈치를 가라앉혀 호근으로 당기고 손바닥은 동남쪽을 향하며 중지는 위로 비스듬히 치켜세운다. 오른손은 호근에서 역전하여 팔꿈치를 밖으로 이끌어 원을 그리며 손의 높이가 아래턱 부위에 위치하고 손바닥은 오른쪽 아래로 비스듬히 향하며 중지는 위로 비스듬히 치켜세운다.

작용: 우나좌인붕법(右拿左引掤法)

상대방의 오른손 공격이 무력화되고 다시 어깨로 공격해 오면 그 흐름을 타고 오른쪽으로 신법을 돌려 오른손으로 상대의 손목을 돌려 잡고 왼손은 순전하여 오른손과 배합하고 붕법(掤法)으로 이끌어 무력화한다.

3. 시선은 불변하고 신법은 계속 돌려 가슴을 남쪽으로 향한다. 오른쪽 다리는 고관절의 경을 가라앉히고 견고하게 세우며 왼쪽 다리는 동시에 지면을 쓸듯이 동북쪽으로 나아가 발끝을 지면에 내리고 측마보를 만든다. 왼손은 신법에 따라 안쪽 위로 원을 그리며 턱 앞쪽으로 당기고 손바닥은 위쪽을 향하며 중지는 위로 비스듬히 향한다. 오른손은 왼발의 움직임과 동시에 오른쪽 위로 비스듬히 펼쳐 호정에 이르게 한다. 손바닥은 오른쪽 전방 아래로 비스듬히 향하고 중지는 위로 비스듬히 치켜세운다.

작용: 우채좌주열법(右采左肘捌法)

상대가 오른발을 내딛어 고법으로 공격해 오면 상대의 흐름을 타고 오른손은 채법으로 이끌고, 왼쪽 다리를 상대의 오른쪽 다리 외측에 붙여 오른쪽 팔꿈치 관절을 열법으로 제압한다.

4. 시선은 불변하고 신법은 왼쪽으로 돌려 가슴을 동남쪽으로 향한다. 오른쪽 다리는 움직이지 않으며, 왼쪽 다리는 신법에 따라 경을 가라앉히고 보법은 마보를 만든다. 왼손은 신법을 따라 순전하여 팔꿈치를 가라앉혀 호근으로 내리고 손바닥은 서남쪽을 향하고 중지는 위로 비스듬히 치켜세운다. 오른손은 순전하여 바깥쪽 위로 원을 그리며 서남쪽 호첨으로 펼친다. 손바닥은 동남쪽을 향하고 중지는 위로 비스듬히 치켜세운다.

작용: 좌제우안법(左擠右按法)

상대가 팔꿈치를 가라앉혀 무력화하면 상대의 흐름을 타고 몸을 왼쪽으로 돌려 왼손 제법으로 상대방 가슴 부위를 밀고 동시에 오른손으로 상대방 오른쪽 손목을 잡아 안법으로 공격한다. 동시에 왼쪽 다리는 상대방의 오른쪽 다리가 뒤로 빠지는 것을 막거나 열어 변화를 주어 상대가 평형을 잃도록 한다.

5. 시선은 불변하고 신법은 왼쪽으로 돌려 가슴을 동쪽으로 향한다. 왼쪽 다리는 발뒤꿈치를 축으로 발끝을 약간 밖으로 돌린다. 오른쪽 다리는 동시에 왼발 전방 우측에 어깨너비로 오른발을 내리고 마보를 만든다. 왼손은 신법을 따라 역전하여 비스듬히 아래쪽으로 원을 그리며 호근으로 모으고 손바닥은 동남쪽을 향하고 중지는 위로 비스듬히 치켜세운다. 오른손은 순전하여 원을 그리며 호근으로 모으고 팔꿈치가 늑골 부위에서 벗어나지 않게 하고 왼쪽 손목 아래로 합쳐 손바닥은 서북쪽을 향하며 중지는 위로 비스듬히 치켜세운다.

작용: 쌍수포전열법(雙手抱纏捌法)

상대가 팔꿈치를 가라앉혀 좌제우안법의 공격을 무력화하면 그 흐름을 타며 왼손으로 상대의 왼쪽 손목을 돌려 잡고 오른쪽 다리는 상대방의 양쪽 다리 사이 안쪽으로 들어가며 오른손이 상대방의 왼손을 포개어 잡고 열법으로 공격한다.

6. 시선은 불변하고 신법은 먼저 왼쪽으로 돌리고 다시 원위치로 돌려 가슴을 동쪽으로 향한다. 왼쪽 다리는 고관절의 경을 가라앉혀 견고하게 세운다. 오른쪽 다리는 신법에 따라 무릎을 들어 독립보를 만든다. 왼손은 신법을 왼쪽으로 돌릴 때 제자리에서 순전하여 손을 움켜쥐며 신법을 오른쪽으로 돌릴 때 늑골 아래로 가라앉히며 손을 펴고 손바닥은 위쪽을 향하며 중지는 오른쪽을 향한다. 오른손은 신법을 왼쪽으로 돌릴 때 손을 움켜쥐고 신법을 왼쪽으로 돌리는 것에 따라 아래턱 앞으로 들어 올리며 권심은 안쪽을 향한다.

작용: 쌍수포전슬타법(雙手抱纏膝打法)

상대가 팔꿈치를 가라앉혀 열법을 무력화하면 나는 오른쪽 다리를 들어 타법으로 상대방의 당부 혹은 아랫배를 가격한다.

7. 시선과 신법은 불변한다. 왼쪽 다리는 고관절의 경을 가라앉혀 다리를 견고하게 세우고 오른쪽 다리는 진각으로 내려 어깨너비의 마보를 만든다. 왼손은 불변하고 오른손은 진각과 동시에 왼쪽 장심 위로 내려치고 권심은 위쪽을 향한다.

작용: 우각타법(右脚跺法)
상대가 슬타법을 무력화하면 양손의 열나법에 전사를 가하며 오른발로 상대방의 발을 밟아 공격한다.

2. 란찰의(攔擦衣)

모두 5개의 분해 동작이다.

1. 시선은 동남쪽을 보고 신법은 왼쪽으로 돌려 가슴을 동북쪽으로 향한다. 신법을 좌측으로 돌리고 마보를 유지한다. 왼손은 원위치에서 뒤집고 손바닥은 비스듬히 지면을 향하며 중지는 위로 비스듬히 치켜세운다. 오른손은 팔꿈치가 옆구리를 벗어나지 않도록 주의하며 바깥쪽으로 손을 펴고 왼쪽 손목 위에 붙여 손바닥은 북쪽을 향하고 중지를 왼쪽 전방으로 비스듬히 치켜세운다.

작용: 붕화고붕법(掤化靠掤法)

만약 상대가 나의 오른쪽 전방에서 양손을 이용하여 안법으로 나의 우측을 공격하면 나는 오른손을 외측으로 돌려 상대의 힘을 무력화하며 신법과 배합하여 붕력(掤力)을 이용하여 오른쪽 팔꿈치와 어깨로 대응하여 공격한다. 왼손은 역전하여 오른손과 배합한다.

2. 시선은 불변하고 신법은 오른쪽으로 돌려 가슴을 동남쪽으로 향한다. 신법을 약간 우측으로 돌리고 측마보를 만든다. 왼손은 역전하여 바깥쪽 아래로 원을 그리며 호저로 펼친다. 중지는 오른쪽 전방 위쪽으로 치켜세우고 손바닥은 아래쪽을 향한다. 오른손은 역전하여 바깥쪽 위로 원을 그리고 호근을 지나 호정으로 펼친다. 손바닥은 동남쪽을 향하고 중지는 전방 위로 비스듬히 치켜세운다.

작용: 고주제붕법(靠肘擠掤法)

상대의 안법의 힘을 무력화하고 그 흐름에 따라 오른쪽 위로 펼치며 고법과 제법을 연결하여 공격한다. 왼손은 바깥쪽 아래로 안법으로 누르며 오른손과 배합한다.

3. 시선은 불변하고 신법은 왼쪽으로 돌려 가슴을 동쪽으로 향한다. 왼쪽 다리는 고관절의 경을 가라앉히고 오른쪽 다리는 남쪽으로 나아가 측마보를 만든다. 왼손은 바깥쪽으로 펼쳐 위로 원을 그리며 호근으로 모은다. 장심은 동남쪽을 향하고 중지는 위로 치켜세운다. 오른손은 바깥쪽 위로 원을 그리며 호근으로 모은다. 손바닥은 서북쪽을 향하며 중지는 오른쪽 전방 위로 비스듬히 치켜세운다. 이때 양손은 비스듬한 십자 형태를 이룬다.

작용: 진우보고주법(進右步靠肘法)

상대가 나의 고·주·제·붕법을 무력화하면 그 흐름에 따라 오른발이 앞으로 나아가 몸통 부위를 고·주법으로 공격한다. 왼손은 오른손과 배합하며 가슴을 보호한다.

4. 시선은 불변하고 신법은 오른쪽으로 돌려 가슴을 동남쪽으로 향한다. 오른쪽 다리는 고관절의 경을 가라앉히고 왼쪽 다리는 뒤꿈치를 축으로 발끝을 안쪽으로 당겨 왼쪽 고관절을 열어 측마보를 만든다. 오른손은 역전하여 바깥쪽 위로 원을 그리며 호첨으로 펼친다. 손바닥은 아래로 향하고 중지는 왼쪽 전방 위로 비스듬히 치켜세운다. 왼손은 오른손과 배합하여 오른쪽 전완 안쪽에 붙인다. 중지는 오른쪽 전방 위쪽으로 비스듬히 치켜세운다.

작용: 우고주제법(右靠肘擠法)

상대가 나의 우측에서 고·주법을 무력화하고 다시 좌제·우상채법으로 이끌어 공격하려 하면 그 흐름을 타고 오른쪽으로 신법을 돌려 우측 고·주·제·붕법으로 역공한다. 왼손은 오른팔을 보조하여 돕는다.

5. 시선은 불변하고 신법은 왼쪽으로 돌려 가슴을 동쪽으로 향한다. 왼쪽 다리는 고관

절의 경을 가라앉히고 보형은 불변한다. 오른손은 바깥쪽으로 돌려 호첨으로 밀어
낸다. 손바닥은 동남쪽을 향하고 중지는 오른쪽 전방 위로 비스듬히 치켜세운다.
왼손은 역전하여 팔꿈치를 왼쪽 늑골 부위로 당겨 붙이며 파형으로 만든다.

작용: 좌채우안법(左采右按法)
상대가 나의 우측 고·주·제법의 공격을 무력화하고 다시 왼손 제법으로 나의 복부
를 공격하면 상대의 왼쪽 손목을 돌려 잡고 채법으로 당기며 오른손 안법으로 상
대의 몸통 부위를 공격한다.

요점

시선은 상대를 주시하고 몸을 따라 움직이지 않는다.
제2동작 오른손이 나아갈 때 손이 이끌도록 하고 팔꿈치가 늑골 부위에서 떨어지는 것에 주의한다.
제3동작에서 양손을 모을 때 다리가 동시에 상응하여 나가야 한다.
제4동작 신법을 오른쪽으로 돌릴 때 발끝을 안쪽으로 돌린다.
제5동작 오른쪽 다리 고관절의 경은 계속 가라앉힌다.

3. 육봉사폐(六封四閉)

모두 5개의 분해 동작이다.

1. 시선은 동남쪽을 보고 신법은 왼쪽으로 돌려 가슴을 동북쪽으로 향한다. 왼쪽 다
리는 고관절의 경을 가라앉히고 보형은 변함이 없다. 왼손은 제자리에서 순전하고
손바닥은 오른쪽 아래로 비스듬히 향하고 중지는 오른쪽 전방 아래로 비스듬히 향

한다. 오른손은 순전하여 아래쪽으로 원을 그리며 호저를 지나 호근으로 모은다. 손바닥은 서북쪽을 향하고 중지는 오른쪽 전방 위로 비스듬히 치켜세운다.

작용: 좌채우랄붕열법(左采右挒挷挒法)

상대가 나의 오른쪽 전방에서 오른손으로 나의 오른쪽 손목을 안법으로 누르면 나는 상대방 손목을 계속 돌려 잡고 오른팔 전완으로 상대방의 팔꿈치 관절을 랄법으로 당기며 열법으로 공격한다. 만약 나의 오른팔이 상대방의 왼팔 아래에 있으면 나의 신법을 좌로 돌리며 들어오는 힘을 이용하여 오른쪽 팔뚝 부위가 상대방의 왼쪽 팔꿈치 관절을 점하고 왼팔의 구심력과 결합하여 좌채·우굉열법으로 상대방의 관절을 공격한다.

2. 시선은 불변하고 신법은 오른쪽으로 돌려 가슴을 동남쪽으로 향한다. 오른쪽 다리는 고관절의 경을 가라앉히고 왼쪽 다리는 뒤꿈치를 축으로 발끝을 안쪽으로 당겨 왼쪽 고관절을 열어 측마보를 만든다. 오른손은 역전하여 바깥쪽 위로 원을 그리며 호첨으로 펼친다. 손바닥은 아래로 향하고 중지는 왼쪽 전방 위로 비스듬히 치켜세운다. 왼손은 오른손과 배합하여 오른쪽 전완 안쪽에 붙인다. 중지는 오른쪽 전방 위쪽으로 비스듬히 치켜세운다.

작용: 우고주제법(右靠肘擠法)

상대가 나의 우측에서 고·주법을 무력화하고 다시 좌제·우상채법으로 이끌어 공격하려 하면 그 흐름을 타고 오른쪽으로 신법을 돌려 우측 고·주·제·붕법으로 역공한다. 왼손은 오른팔을 보조하여 돕는다.

3. 시선은 불변하고 신법은 왼쪽으로 돌려 가슴을 동쪽으로 향한다. 왼쪽 다리는 신법에 따라 왼쪽 발뒤꿈치를 축으로 왼쪽 발끝을 외측으로 돌려 경을 가라앉혀 마보를 만든다. 오른손은 순전하여 아래로 원을 그리며 팔꿈치를 가라앉히며 늑골 부위로 당긴다. 손바닥은 동쪽을 향하며 중지는 오른쪽 전방 위로 비스듬히 치켜세운다. 왼손은 순전하여 배꼽 부위로 당기며 파형을 만든다.

작용: 좌채우랄붕법(左采右将掤法)
상대가 고·주·제법의 공세를 무력화하고 왼손 제법으로 복부를 공격하면 왼손으로 상대의 왼쪽 손목을 배꼽 부위로 당기고 오른손은 동시에 상대방의 왼쪽 팔꿈치를 막아 랄법으로 이끌고 왼쪽 발끝을 바깥쪽으로 돌려 랄경에 힘을 더해 상대방의 왼쪽 팔꿈치 관절을 공격한다.

4. 시선은 불변하고 신법은 왼쪽으로 돌려 가슴을 동북쪽으로 향한다. 양쪽 다리는 경을 가라앉히고 보형은 불변한다. 왼손은 순전하여 장으로 변화시켜 호근으로 들어 올린다. 손바닥은 위를 향하고 중지는 오른쪽 전방 위로 비스듬히 치켜세운다. 오른손은 외측으로 돌려 원을 그리며 호저에서 동남쪽 호정으로 들어 올린다. 손바닥은 위로 향하고 중지는 동남쪽 위로 비스듬히 치켜세운다.

작용: 좌합우개열법(左合右開捌法)

상대가 좌채우랄붕법의 공세를 무력화하고 왼쪽 팔꿈치와 어깨 고법으로 상체를 공격하면 왼손의 동작을 더욱 견고하게 돌려 잡고 오른쪽 전완 부위와 배합하여 열법으로 공격한다.

5. 시선은 불변하고 신법은 오른쪽으로 돌려 가슴을 동남쪽으로 향한다. 오른쪽 다리는 경을 가라앉히고 왼쪽 다리는 오른쪽 다리 내측을 향해 반보 당겨 좌후허보를 만든다. 양손은 동시에 내측으로 돌리며 팔꿈치를 가라앉혀 동남쪽 호첨으로 밀어낸다. 손바닥은 모두 동남쪽을 향하고 중지는 위쪽을 향한다.

작용: 근보쌍안법(跟步雙按法)

상대가 열법을 무력화하고 다리가 앞으로 나오면 그 흐름을 타고 왼쪽 다리를 앞으로 당겨 양손으로 상대방 상체를 밀어낸다.

요점

제1동작, 제2동작 보법은 허실 나눔이 분명해야 한다.

제3동작, 제4동작에서 양손의 거리는 반팔 너비를 유지해야하고 회전할 때 항상 같은 간격을 유지한다.

제4동작에서는 왼손과 오른팔의 분력을 이용하여 열법과 나법의 공세를 하나로 완성한다.

제5동작의 오른발을 축으로 왼발을 근보로 당길 때 신체중정이 쏠리지 않도록 하여 전·후·좌·우·상·하의 붕경이 유지되도록 한다.

4. 단편(單鞭)

모두 5개의 분해 동작이다.

1. 시선은 불변하고 신법은 오른쪽으로 돌려 가슴을 남쪽으로 향한다. 오른쪽 다리는 고관절의 경을 가라앉히고 보형은 불변한다. 오른손은 순전하여 내측 아래로 원을 그리며 호근으로 당기고 손바닥은 위로 향하고 중지는 앞쪽으로 비스듬히 치켜세운다. 왼손은 신법을 따라 순전하여 호첨으로 이동하고 손바닥은 위로 향하며 중지는 왼쪽 앞쪽으로 비스듬히 치켜세운다.

작용: 우채좌안붕법(右采左按掤法)
만약 상대가 전나 후에 제법 혹은 안법으로 공격하면 나는 순세로 손을 내측으로 모으며 상대의 힘을 무력화하고 채법으로 당기며 안법으로 공격한다.

2. 시선은 신법을 따라 동북쪽을 보고 신법은 왼쪽으로 돌려 가슴을 동북쪽으로 향한다. 오른쪽 다리는 발뒤꿈치를 축으로 발끝을 안쪽으로 당긴다. 왼쪽 다리는 고관절에 경을 가라앉히고 발끝을 축으로 발뒤꿈치를 안쪽으로 당긴다. 오른손은 아래로 원을 그리며 호첨으로 펼치며 구수로 변화시키고 구(勾)의 끝은 아래로 향한다. 왼손은 역전하여 팔꿈치를 가라앉히고 신법을 따라 호근으로 당기고 손바닥은 남쪽을 향하며 중지는 오른쪽 전방 위쪽으로 비스듬히 치켜세운다.

작용: 좌채우붕열법(左采右掤挒法)

만약 상대가 나의 오른팔을 비틀어 잡으려 하면 왼손으로 상대방의 왼쪽 손목을 돌려 잡아 늑골 부위로 당기고 동시에 오른쪽 팔뚝 부위로 상대방의 왼쪽 팔꿈치 관절을 흔들어 튕겨낸다.

3. 시선은 불변하고 신법은 오른쪽으로 돌려 가슴을 동남쪽으로 향한다. 오른쪽 다리는 고관절의 경을 가라앉혀 견고하게 세운다. 왼쪽 다리는 북쪽으로 나아가 측마보를 만든다. 오른손 구수는 그대로 유지하고 왼손은 신법을 따라 손바닥을 서남쪽으로 향하며 중지는 위로 비스듬히 치켜세운다.

작용: 진좌퇴고법(進左腿靠法)

만약 상대가 나의 왼쪽 전방에서 양손 안법으로 공격하면 나는 왼쪽 다리로 나아가 왼쪽 어깨와 팔꿈치로 상대의 공격을 무력화하며 상대방의 몸통 부위를 공격한다.

4. 시선은 불변하고 신법은 왼쪽으로 돌려 가슴을 동북쪽으로 향한다. 왼쪽 다리는 마보를 지나며 경을 가라앉힌다. 오른쪽 다리는 고관절을 열며 발뒤꿈치를 축으로 발끝을 안쪽으로 감고 측마보를 만든다. 왼손은 신법을 따라 역전하여 호첨으로 펼치고 손바닥은 좌측 전방 아래로 비스듬히 향하며 중지는 오른쪽 전방 위로 비스듬히 치켜세운다. 오른손은 역전하고 구수의 끝은 뒤쪽 아래로 비스듬히 향한다.

작용: 고주제법(靠肘擠法)

상대가 나의 고법을 무력화하면 그 흐름을 타고 신법을 왼쪽으로 돌려 왼쪽 어깨와 팔꿈치 그리고 손을 연환하여 몸통 부위를 공격한다.

5. 시선은 불변하고 신법은 오른쪽으로 돌려 가슴을 동쪽으로 향한다. 양쪽 다리는 신법을 따라 경을 가라앉히고 보형은 불변한다. 오른손 구수는 순전하여 구수의 끝은 아래를 향한다. 왼손은 순전하여 호첨으로 밀고 손바닥은 동북쪽을 향하고 중지는 위로 비스듬히 치켜세운다.

작용: 좌안법(左按法)

상대가 나의 왼쪽 공격을 무력화하면 그 흐름을 타고 오른쪽으로 신법을 돌려 왼손 안법으로 상대의 몸통 부위를 공격한다.

요점

제4동작 시 몸통이 기울거나 팔꿈치가 들려 상대의 힘과 부딪치지 않도록 주의한다.

5. 좌전신도대(左轉身搗碓)

모두 6개 분해 동작이다.

1. 시선은 북쪽을 보고 신법은 왼쪽으로 돌려 가슴을 동북쪽으로 향한다. 양쪽 다리
는 경을 가라앉히고 보형은 불변한다. 왼손은 안쪽으로 감아 팔꿈치를 가라앉히고
아래로 원을 그리며 호저로 펼치고 손바닥은 아래로 향하고 중지는 오른쪽 전방
위쪽으로 비스듬히 치켜세운다. 오른손은 순전하여 구수를 장으로 만들고 안쪽 아
래로 원을 그리며 팔꿈치를 늑골에 붙여 호근으로 모으고 손바닥은 서북쪽을 향하
고 중지는 오른쪽 전방 위로 비스듬히 치켜세운다.

작용: 좌붕법(左掤法)
만약 상대가 나의 왼손을 돌려 잡으면 바로 신법을 왼쪽으로 돌려 팔꿈치를 가라
앉히고 손을 역전하여 중지를 치켜세워 붕법으로 공격한다.

2. 시선은 불변하고 신법은 오른쪽으로 돌려 가슴을 동남쪽으로 향한다. 왼쪽 다리는
고관절을 열어 펼치고 오른쪽 다리는 고관절의 경을 가라앉혀 마보를 만든다. 왼
손은 순전하여 위로 원을 그리고 호정으로 펼치며 손바닥은 위로 향하고 중지는
왼쪽으로 비스듬히 치켜세운다. 오른손은 역전하여 바깥쪽 위로 원을 그리고 호정
으로 펼치며 손바닥은 동남쪽을 향하고 중지는 왼쪽으로 비스듬히 치켜세운다.

작용: 우채좌주열법(右采左肘挒法)

상대가 나의 좌붕법 공격을 무력화하고 발을 내딛으며 공격해 오면 오른손 채법으로 당기고 왼손과 배합하여 상대의 오른쪽 팔꿈치 관절을 제압한다.

3. 시선은 불변하고 신법은 왼쪽으로 돌려 가슴을 동쪽으로 향한다. 왼쪽 다리 고관절의 경을 열어 보형은 불변한다. 왼손은 역전하여 원을 그리며 호근으로 모으고 팔꿈치를 늑골에 붙여 손바닥은 서남쪽을 향하고 중지는 오른쪽으로 비스듬히 치켜세운다. 오른손은 순전하여 남쪽 호첨으로 펼치고 손바닥은 동쪽을 향하고 중지는 뒤로 비스듬히 치켜세운다.

작용: 좌제우안법(左擠右按法)

상대가 팔꿈치를 가라앉혀 힘을 무력화하며 연속하여 공격하면 나는 오른쪽 채열법과 왼쪽 어깨의 고법으로 공격하고 다시 몸을 왼쪽으로 돌려 왼손 제법으로 상대방 가슴 부위를 밀고 오른손 안법으로 공격한다.

4. 시선은 불변하고 신법은 왼쪽으로 돌려 가슴을 북쪽으로 향한다. 왼쪽 다리는 발뒤꿈치를 축으로 발끝을 바깥쪽으로 돌리고 오른쪽 다리는 왼발 전방 우측으로 내려 마보를 만든다. 왼손은 역전하여 아래로 원을 그리고 호근으로 모으며 손바닥

은 동북쪽을 향한다. 오른손은 순전하여 아래로 원을 그리며 왼쪽 손목 아래로 모으고 손바닥은 남쪽을 향하며 양손은 비스듬히 십자 형태를 만들고 양손의 중지는 좌우로 비스듬히 치켜세운다.

작용: 쌍수포전열법(雙手抱纏挒法)
상대가 팔꿈치를 가라앉혀 공격을 무력화하면 상대의 흐름을 타고 왼손으로 상대의 손목을 돌려 잡는다. 오른쪽 다리는 상대의 양쪽 다리 사이 안쪽으로 들어가고 오른손은 상대의 왼손 위로 덮어 손을 빼지 못하도록 한다.

5. 시선은 불변하고 신법은 먼저 왼쪽으로 돌리고 다시 오른쪽으로 돌려 가슴을 북쪽으로 향한다. 왼쪽 다리는 경을 가라앉혀 견고하게 세우고 오른쪽 다리는 위로 들어 독립보가 된다. 왼손은 자전하여 주먹을 쥐고 권심은 아래를 향한다. 오른손은 동시에 신법을 왼쪽으로 돌릴 때 자전하여 양손이 안아 잡는 형태를 만들고 다시 오른쪽으로 돌릴 때 역전하여 왼쪽 주먹 위쪽에 손바닥을 붙인다.

작용: 쌍수포전슬타법(雙手抱纏膝打法)
나는 상대의 흐름을 타고 양손을 돌려 잡고 오른쪽 다리를 들어 타법으로 상대방

의 당부 혹은 아랫배를 가격한다.

6. 시선과 신법은 불변한다. 양쪽 고관절의 경을 가라앉히고 오른쪽 다리는 진각으로 내려 마보를 만든다. 왼손은 권을 유지하고 오른손은 왼쪽 주먹 위에 붙이고 손바닥을 아래로 향한다.

작용: 우각타법(右脚跺法)
만약 상대가 슬타법을 무력화하면 양손의 열법을 더하며 오른쪽 다리로 상대방의 발을 밟아 공격한다.

요점

제3, 4동작 연결은 발을 당겨 나아갈 때 중심이 한쪽으로 치우치지 않고 전후좌우 균형이 맞아야 한다.
제6번 동작은 왼손이 주먹을 쥐고 있으며 제1식 금강도대와 명확히 구분되어야 한다.

6. 백학량시(白鶴亮翅)

모두 2개의 분해 동작이다.

1. 시선은 동북쪽을 향하고 신법은 왼쪽으로 돌려 가슴을 서북쪽으로 향한다. 왼쪽 다리는 고관절의 경을 가라앉혀 견고하게 세우고 오른쪽 다리는 동북쪽으로 한 발 나아가 발끝을 내려 좌측 궁보를 만든다. 왼손은 역전하여 장으로 만들고 손바닥을 동쪽을 향하며 중지는 아래로 비스듬히 향한다. 오른손은 순전하여 왼쪽 손목 위에 붙이고 팔꿈치가 늑골에서 떨어지지 않게 하고 아래로 비스듬히 찔러 넣는다. 손바닥은 서남쪽을 향하며 중지는 아래로 비스듬히 향한다.

작용: 퇴보붕화고법(退步掤化靠法)

만약 상대가 오른쪽에서 안법으로 공격하면 오른쪽 다리가 우측으로 나아가 상대방의 하체가 들어오지 못하도록 막고 상대의 중심을 잃게 하여 고붕법으로 공격한다.

2. 시선은 북쪽을 보고 신법은 오른쪽으로 돌려 가슴을 북쪽으로 향한다. 오른쪽 다리는 발뒤꿈치를 축으로 발끝을 바깥쪽으로 돌려 경을 가라앉힌다. 왼쪽 다리는 오른발 앞쪽으로 나아가 좌전허보를 만든다. 왼손은 역전하여 바깥쪽 아래로 원을 그리며 호저로 펼치고 손바닥은 아래쪽을 향하고 중지는 우측 전방으로 비스듬히 치켜세운다. 오른손은 역전하고 바깥쪽 위로 원을 그리며 호정으로 펼치고 손바닥은 서북쪽을 향하며 중지는 왼쪽 전방으로 비스듬히 치켜세운다.

작용: 우고상채좌안붕법(右靠上采左按掤法)

상대가 고법을 무력화하고 상채법으로 당기면 왼발을 당기는 관성의 흐름을 타고 오른팔의 붕법으로 들어 올리며 팔꿈치로 공격하고 왼손은 안법으로 배합한다.

7. 루슬요보(摟膝拗步)

모두 5개의 분해 동작이다.

1. 시선은 불변하고 신법은 왼쪽으로 돌려 가슴을 서북쪽으로 향한다. 양쪽 다리는 고관절의 경을 가라앉히고 보형은 불변한다. 왼손은 순전하여 서남쪽 호정으로 펼치고 손바닥은 위쪽을 향하며 중지는 서남쪽으로 비스듬히 치켜세운다. 오른손은 호첨으로 손바닥을 밀며 호정으로 들어올리고 손바닥은 위쪽을 향하며 중지는 전방으로 비스듬히 치켜세운다.

작용: 우수인붕안법(右手引掤按法)
상대가 나의 채법을 무력화하면 그 흐름을 타고 왼쪽으로 몸을 돌리고 오른손으로 상대방의 오른쪽 손목을 안법으로 밀어낸다.

2. 시선은 불변하고 신법은 오른쪽으로 돌려 가슴을 동북쪽으로 향한다. 오른쪽 다리는 발끝을 바깥쪽으로 돌려 경을 가라앉힌다. 왼쪽 다리는 서북쪽을 향해 한 발 나아가 측마보를 만든다. 왼손은 순전하여 왼쪽 뺨 부위를 지나 호첨으로 손날을 내려친다. 팔꿈치는 늑골 부위에 위치하고 손바닥은 동남쪽을 향하며 중지는 왼쪽 전방으로 비스듬히 치켜세운다. 오른손은 역전하여 바깥쪽 아래로 원을 그리고 호저로 펼쳐 손바닥은 아래로 향하며 중지는 좌측 전방으로 비스듬히 치켜세운다.

작용: 진좌보우랄열법(進左步右捋挒法)

상대가 나의 안법의 공세를 무력화하고 밀어 공격하면 상대방의 오른팔을 끌어당기고 왼쪽 다리가 나아가 왼쪽 팔꿈치 부위로 랄법으로 이끌어 팔꿈치 관절을 공격한다.

3. 시선은 불변하고 신법은 왼쪽으로 돌려 가슴을 서북쪽으로 향한다. 왼쪽 다리는 경을 가라앉히고 마보를 거쳐 측마보를 만든다. 왼손은 순전하여 아래로 원을 그리며 무릎 아래를 지나며 구수로 잡고 호첨으로 펼치고 구수의 끝은 아래로 향한다. 오른손은 호정을 향해 장으로 펼치고 다시 순전하여 오른뺨 부위를 지나 가슴 앞으로 당기고 손바닥은 서남쪽을 향하며 중지는 비스듬히 치켜세운다.

작용: 좌수주제붕법(左手肘擠掤法)

상대가 오른쪽 팔꿈치를 가라앉혀 열법의 공격을 무력화하고 오른쪽 고주법으로 연환하여 나의 가슴과 복부를 공격하면 제법으로 막고 상대의 오른팔 공격을 무력화시킨다.

4. 시선은 북쪽을 보고 신법은 오른쪽으로 돌려 가슴을 동북쪽으로 향한다. 양쪽 고관절의 경을 가라앉혀 보형은 불변한다. 오른손은 역전하여 원을 그리며 호첨으로

펼친다. 손바닥은 아래로 향하고 중지를 왼쪽 전방으로 비스듬히 치켜세운다. 왼손은 구수를 유지하고 원위치에서 역전한다.

작용: 좌우제법(左右擠法)
상대가 나의 공격을 무력화시키면 나는 왼팔의 제법을 더욱 강화시키며 오른팔을 수평으로 펼쳐 상대의 목 부위 또는 안면 부위를 제법으로 공격한다.

5. 시선은 불변하고 신법은 왼쪽으로 돌려 가슴을 북쪽으로 향한다. 양쪽 다리는 고관절의 경을 가라앉혀 견고하게 세우고 보형은 불변한다. 오른손은 순전하여 호첨으로 펼치고 손바닥은 북쪽을 향하며 중지는 오른쪽 전방으로 비스듬히 치켜세운다. 왼손 구수는 순전하여 손끝은 아래로 향한다.

작용: 우안법(右按法)
상대가 나의 오른팔 공격을 무력화하면 오른손 안법으로 상대방 목 또는 가슴 부위를 공격한다.

요점
2번 동작 시 양손의 음양의 공력이 상대적으로 상등하게 발휘하여 합일되어야 한다.

8. 초수(初收)

모두 2개의 분해 동작이다.

1. 시선은 서북쪽을 보고 신법은 오른쪽으로 돌려 가슴을 동북쪽으로 향한다. 양쪽 고관절 경을 가라앉혀 마보를 만든다. 왼손은 호첨에서 역전하여 장으로 만들어 호정으로 펼치고 손바닥은 오른쪽 전방 아래로 비스듬히 향하고 중지는 오른쪽 전방으로 비스듬히 치켜세운다. 오른손은 순전하여 팔꿈치를 늑골 부위로 가라앉혀 호근으로 당기고 손바닥은 위로 비스듬히 향하고 중지는 오른쪽으로 비스듬히 치켜세운다.

작용: 좌제붕법(左擠掤法)
상대가 나의 왼쪽 전방에서 왼손을 무력화하고 다시 안법으로 누르면 나는 신법을 오른쪽으로 돌려 왼손으로 밀고 들어오는 힘을 이용하여 제붕법으로 공격한다.

2. 시선은 불변하고 신법은 오른쪽으로 돌려 가슴을 동북쪽으로 향한다. 오른쪽 다리는 고관절의 경을 가라앉혀 견고하게 세우고 왼쪽 다리는 발을 지면에 붙이고 안쪽으로 당겨 마보를 만든다. 왼손은 바깥쪽으로 원을 그리며 팔꿈치를 늑골 부위로 당기고 손바닥은 오른쪽을 향하며 중지는 앞쪽으로 비스듬히 치켜세운다. 오른손은 역전하여 배꼽 부위로 당기며 손바닥은 왼쪽을 향하고 중지는 앞쪽으로 비스듬히 치켜세운다.

작용: 퇴보붕법(退步掤法)

상대가 나의 제법을 무력화하고 다시 오른쪽 다리가 앞으로 나오며 양손의 안법으로 공격하면 그 흐름을 타고 상대의 오른발을 걸어 당겨 상대를 넘어뜨린다.

요점

제2동작 왼발을 당길 때 반드시 발바닥을 지면에 붙여 쓸듯이 당기고 손과 협조하여 음양이 조화롭게 이루어져야 한다.

9. 사행요보(斜行拗步)

모두 6개의 분해 동작이다.

1. 시선은 서북쪽을 보고 신법은 약간 오른쪽으로 돌려 가슴을 동북쪽으로 향한다. 오른쪽 다리는 신법을 따라 고관절의 경을 가라앉혀 건고하게 세우고 왼쪽 다리는 무릎을 들어 독립보를 만든다. 왼손은 신법을 따라 순전하여 가슴 앞으로 들어 올리고 손바닥은 동북쪽을 향하며 중지는 좌측 전방으로 비스듬히 치켜세운다. 오른손은 순전하여 호근으로 들어 올린다. 손바닥은 서쪽을 향하고 중지는 비스듬히 치켜세운다.

작용: 좌제붕슬타법(左擠挪膝打法)

상대가 전방에서 퇴보붕법을 무력화하여 안법으로 공격하면 나는 상대의 흐름을 타고 제법으로 공격하며 왼쪽 무릎을 들어 가까이 다가온 상대를 공격한다.

2. 시선은 불변하고 신법은 왼쪽으로 돌려 가슴을 서북쪽으로 향한다. 왼쪽 다리는 신법을 따라 허공에서 발끝을 외측으로 돌려 서북쪽을 향하여 내리고 오른발은 발끝을 축으로 뒤꿈치를 돌려 헐보를 만든다. 왼손은 순전하여 배꼽 부위로 당겨 파형을 만들고 파심은 아래를 향한다. 오른손은 역전하여 왼손 손등 위에 덮어 모은다.

작용: 전신채열법(轉身采挒法)

상대가 제법 공격을 무력화하면 그 흐름을 타고 신법을 왼쪽으로 돌려 발을 내리고 팔꿈치를 가라앉혀 좌채법으로 상대의 왼쪽 손목을 바깥쪽으로 돌려 잡고 배꼽 부위로 당기며 양손이 협조하여 채열법으로 공격한다.

3. 시선은 불변하고 신법은 왼쪽으로 돌려 가슴을 서북쪽으로 향한다. 왼쪽 다리는 고관절의 경을 가라앉히고 오른쪽 다리는 서북쪽으로 나아가 경을 가라앉혀 마보를 만든다. 왼손은 팔꿈치를 늑골에 붙이고 파형으로 유지한다. 오른손은 서북쪽 호첨으로 수평이 되게 펼치며 손바닥은 아래를 향하고 중지는 왼쪽으로 비스듬히 치켜세운다.

작용: 진보쌍수열법(進步雙手挒法)

상대가 팔꿈치를 가라앉히고 퇴보로 빠져 채열법의 공세를 무력화하면 그 흐름을
타고 왼손은 계속 왼쪽 손목을 돌려 잡고 오른손은 양쪽 다리와 배합하여 상대의
팔꿈치 관절을 막아 누르고 열법으로 공격한다.

4. 시선은 서북쪽을 보고 신법은 오른쪽으로 돌려 가슴을 동북쪽으로 향한다. 오른쪽
다리는 발뒤꿈치를 축으로 발끝을 바깥쪽으로 돌리고 왼쪽 다리는 발끝을 축으로
발뒤꿈치를 돌려 헐보를 만든다. 왼손은 장으로 만들어 순전하여 원을 그리고 서
북쪽 호정으로 당기며 손바닥은 동북쪽을 향하고 중지는 왼쪽으로 비스듬히 치켜
세운다. 오른손은 역전하여 원을 그리며 동남쪽 호저로 펼치고 손바닥은 아래쪽을
향하고 중지는 비스듬히 치켜세운다.

작용: 우채좌안법(右采左按法)

상대가 팔꿈치를 가라앉혀 열법을 무력화하고 제법으로 공격하면 그 흐름를 타고
신법을 오른쪽으로 돌려 상대의 오른팔을 끌어당기고 좌안법으로 상대의 팔꿈치
를 공격한다.

5. 시선은 불변하고 신법은 왼쪽으로 돌려 가슴을 북쪽으로 향한다. 오른쪽 다리는
고관절의 경을 가라앉히고 왼쪽 다리는 서북쪽으로 한 발 나아가 마보를 지나 측

마보를 만든다. 왼손은 역전하여 왼쪽 뺨 부위로 거둬들이고 손바닥은 동북쪽을 향하고 중지는 위로 치켜세운다. 오른손은 순전하여 원을 그리며 북쪽 호첨으로 펼치고 손바닥은 서쪽을 향하고 중지는 비스듬히 치켜세운다.

작용: 좌제우안붕법(左擠右按掤法)
상대가 좌안법의 공격을 무력화하면 상대가 뒤로 젖히는 자세를 따라 왼쪽 다리를 앞으로 나아가 왼손 제법으로 대응하고 오른손으로 상대의 오른쪽 손목을 돌려 잡고 안법으로 공격한다.

6. 시선은 불변하고 신법 오른쪽으로 돌려 가슴을 동북쪽으로 향한다. 오른쪽 다리는 고관절의 경을 가라앉혀 견고하게 세우고 왼쪽 다리는 고관절의 경을 열어 마보를 만든다. 오른손은 역전하여 원을 그리며 호근으로 모으고 파형을 만든다. 왼손은 배꼽 부위로 누르고 다시 순전하여 서북쪽 호저로 펼치며 손바닥은 동북쪽을 향하고 중지는 서북쪽을 향한다.

작용: 우채좌열법(右采左挒法)
상대가 좌제우안붕법을 무력화하면 오른손으로 상대의 오른쪽 손목을 돌려 잡고 왼팔로 상대방의 오른쪽 팔꿈치 관절을 공격한다.

제2동작 열법의 작용은 손목과 팔꿈치의 조화로 이루어져야 한다.

제3, 4, 5, 6 연속으로 동작이 이어질 시 전후, 좌우, 상하의 균등한 중심이 확보되어야 한다. 특히 6번 동작을 행할 시 팔꿈치가 늑골 부위를 이탈하지 않도록 주의해야 한다.

10. 재수(再收)

모두 2개의 분해 동작이다.

1. 시선은 서북쪽을 보고 신법은 왼쪽으로 돌려 가슴을 북쪽으로 향한다. 왼쪽 다리는 고관절의 경을 가라앉혀 견고하게 세우고 오른쪽 다리는 발을 지면에서 들어 서북쪽으로 반보 당겨 후허보를 만든다. 왼손은 아래로 원을 그리며 서북쪽 호첨으로 펼치고 손바닥은 아래를 향하고 중지는 오른쪽으로 비스듬히 치켜세운다. 오른손은 순전하여 파형을 유지하고 원위치에서 원을 그리고 파심은 위를 향한다.

작용: 근보좌주제법(跟步左肘擠法)
상대가 팔꿈치를 가라앉혀 열법을 무력화하고 오른쪽 제법으로 나의 복부를 공격하면 그 흐름을 타고 신법을 돌려 제법으로 상대방의 오른쪽 늑골 부위를 공격한다. 오른손은 돌려 잡아 왼쪽 팔꿈치 공격을 방어한다.

2. 시선은 동북쪽을 향하고 신법은 오른쪽으로 돌려 가슴을 동쪽으로 향한다. 오른쪽 다리는 왼쪽으로 돌려 왼발 뒤쪽으로 비스듬히 반보 옮긴다. 왼쪽 다리는 오른발 앞으로 당겨 전허보를 만든다. 왼손은 순전하여 위쪽으로 원을 그리며 동북쪽 호정으로 당겨 손바닥은 비스듬히 위쪽을 향하고 중지는 비스듬히 치켜세운다. 오른

손은 역전하여 파형을 유지하며 명치 부위에서 자전하고 파심은 아래를 향한다.

작용: 우전퇴보채랄열법(右轉退步采捋挒法)

상대가 제법을 무력화하고 다시 신법을 돌려 제·주·고 연환법으로 나의 가슴 부위를 공격하면 그 흐름을 타고 오른쪽으로 신법을 돌리고 퇴보로 물러나며 오른손은 상대의 손목을 돌려 잡고 왼손은 상대의 팔을 휘감아 상대방의 오른쪽 팔꿈치 관절 위쪽에 붙이고 랄법과 열법으로 공격한다. 동시에 왼발은 상대의 오른쪽 발뒤꿈치를 쓸어 당겨 그 중심을 잃게 한다.

요점

제1동작에서 오른발의 근보 이동 시 중심이 쏠리지 않도록 주의한다.

제2동작 후퇴 시 균형 유지로 보법에 안정과 영활함이 배합되어야 한다.

왼손의 위쪽 랄법을 행할 시 팔꿈치와 어깨가 들어 올려지지 않도록 주의하여야 한다.

11. 전당요보(前蹚拗步)

모두 4개의 분해 동작이다.

1. 시선은 동북쪽을 보고, 신법은 오른쪽으로 돌려 가슴을 동남쪽으로 향한다. 오른쪽 다리는 경을 가라앉혀 견고하게 세우고 왼쪽 다리는 동북쪽으로 나아가 측마보를 만든다. 왼손은 순전하여 안쪽 위로 원을 그리며 당기고 손바닥은 서남쪽을 향하고 중지는 좌측 전방으로 비스듬히 치켜세운다. 오른손은 팔꿈치를 늑골에 붙이고 자전하여 파심은 아래를 향한다.

작용: 진보우채좌주열붕법(進步右采左肘挒掤法)

상대가 채랄열법을 무력화하고 고법으로 공격하면 상대의 흐름을 타고 오른손을 더욱 강하게 돌려 잡아 채법으로 당기고 왼쪽 팔꿈치로 상대의 오른쪽 팔꿈치 부위를 계속 옆으로 팅겨내듯 공격한다.

2. 시선은 불변하고 신법은 왼쪽으로 돌려 가슴을 동북쪽으로 향한다. 양쪽 다리는 신법을 따라 고관절의 경을 가라앉히고 마보를 거쳐 측마보를 만든다. 왼손은 역전하여 아래로 원을 그리며 동북쪽 호첨으로 밀어내고 장심은 동북쪽을 향하며 중지는 오른쪽으로 비스듬히 치켜세운다. 오른손은 손바닥을 왼손 손등 위에 붙여 모은다.

작용: 쌍제안법(雙擠按法)

상대가 팔꿈치를 가라앉혀 우채좌주열법을 무력화하고 고주제법으로 연환하여 몸통 부위를 공격하면 그 흐름을 타고 신법을 왼쪽으로 돌려 제법으로 밀고 두 손으로 상대의 복부 혹은 늑골 부위를 안법으로 공격한다.

3. 시선은 불변하고 신법은 왼쪽으로 돌려 가슴을 북쪽으로 향한다. 왼쪽 다리는 뒤꿈치를 축으로 발끝을 외측으로 돌리고 오른쪽 다리는 동북쪽으로 한 발 나아가

마보를 만든다. 왼손은 순전하여 배꼽 부위로 모으고 파형을 만들어 파심은 아래를 향한다. 오른손은 역전하여 호첨으로 수평이 되게 펼치고 손바닥은 아래로 향하며 중지는 북쪽을 향한다.

작용: 진보평열법(進步平捌法)
상대가 왼손으로 쌍제안법을 무력화하면 그 흐름을 타고 왼손으로 상대방의 왼쪽 손목을 돌려 잡고 배꼽 부위로 채법으로 당기고 오른쪽 다리가 나아가며 오른손으로 상대의 왼쪽 팔꿈치 부위를 막아 누르고 튕겨내듯 열법으로 밀어낸다.

4. 시선은 불변하고 신법은 먼저 왼쪽으로 돌리고 다시 오른쪽으로 돌려 가슴을 동북쪽으로 향한다. 오른쪽 다리는 왼쪽으로 돌릴 때 고관절의 경을 가라앉히고 오른쪽으로 돌릴 때 발뒤꿈치를 축으로 발끝을 외측으로 돌려 경을 가라앉히고 견고하게 세운다. 왼쪽 다리는 신법을 왼쪽으로 돌릴 때 오른발 뒤쪽 내측면으로 당기고 다시 신법을 오른쪽으로 돌릴 때 서북쪽으로 나아가 마보를 만든다. 오른손은 왼쪽으로 돌릴 때 순전하여 왼쪽 다리가 앞으로 나아갈 때 동북쪽 호첨으로 밀고, 다시 오른쪽으로 돌리며 순전하여 원을 그리며 왼쪽 팔꿈치 아래 모으고 손바닥은 서북쪽을 향하고 중지는 비스듬히 위로 치켜세운다. 왼손은 왼쪽으로 돌릴 때 파형은 불변하고 다시 오른쪽으로 돌릴 때 장으로 변환하여 동북쪽 호첨을 향해 찌르고 손바닥은 비스듬히 위쪽을 향하며 중지는 동북쪽으로 비스듬히 치켜세운다.

작용: 진보안열법(進步按挒法)

상대가 왼쪽 팔꿈치를 가라앉혀 평열법을 무력화하면 그 흐름을 타고 왼쪽 다리를 앞으로 나아가 오른쪽 장으로 몸통 부위를 안법으로 민다. 상대가 안법을 무력화하고 오른손으로 왼쪽 팔꿈치 부위를 눌러 막으면 그 흐름을 타고 신법을 오른쪽으로 돌리며 왼쪽 다리가 나아가 오른손을 상대의 오른손 위에 올리고 왼쪽 팔꿈치와 협조하여 상대의 손가락을 돌려 잡고 열법으로 공격한다.

12. 엄수굉추(掩手肱捶)

모두 3개의 분해 동작이다.

1. 시선은 동북쪽을 보고 신법은 불변하고 가슴을 동북쪽으로 향한다. 양쪽 다리는 고관절의 경을 가라앉히고 마보를 유지한다. 양손은 역전하여 내려 누르고 왼손은 오른쪽 손목 위에 겹쳐 배꼽과 가까이 붙이며 중지는 서로 교차하여 비스듬히 치켜세운다.

작용: 포전열법(抱纏挒法)

상대가 오른손을 빼고 다시 오른쪽 손목을 잡아 돌리면 그 흐름을 타고 왼손으로 오른손이 빠져나가는 것을 차단하며 팔꿈치를 가라앉혀 손목을 치켜세우고 상대의 오른쪽 손목을 돌려 잡아 상체의 지렛대 힘을 빌어 왼손은 뒤로 감아 안고 오른손은 앞으로 감아 안아 서로 간의 음양으로 조화롭게 교차 형태 매듭 식의 열법으로 공격한다.

2. 시선은 불변하고 신법은 오른쪽으로 돌려 가슴을 동쪽으로 향한다. 오른쪽 다리는 고관절의 경을 가라앉히고 양쪽 다리의 보형은 불변한다. 왼손은 역전하여 아래로 원을 그리며 동북쪽 호첨으로 펼치고 손바닥은 위를 향하고 중지는 동북쪽을 비스듬히 치켜세운다. 오른손은 역전하여 아래로 원을 그리며 호근으로 들어 올리고 손바닥은 서북쪽을 향하고 중지는 비스듬히 치켜세운다.

작용: 좌제우인붕법(左擠右引掤法)
상대가 팔꿈치를 가라앉혀 포전열법을 무력화하여 오른쪽 제법으로 아랫배를 공격하면 그 흐름을 타고 신법을 오른쪽으로 돌려 오른손은 상대의 힘을 붕법으로 이끌어 돌려 잡고 왼팔로 상대의 오른쪽 팔꿈치를 제법으로 밀어 상대의 공격을 무력화한다.

3. 시선은 불변하고 신법은 왼쪽으로 돌려 가슴을 북쪽으로 향한다. 양쪽 다리는 마보를 거쳐 측마보를 만든다. 왼손은 역전하여 배꼽 부위로 당겨 모으고 파형을 만들며 파심은 아래를 향한다. 오른손은 주먹을 쥐어 동북쪽 호첨으로 역전하여 권을 치고 권심은 아래를 향한다.

작용: 좌채우굉탄두열법(左采右肱彈抖捯法)

상대가 팔꿈치를 가라앉혀 공격을 무력화하고 왼손으로 나의 왼쪽 손목을 돌려 잡으면 그 흐름을 타고 왼손을 뒤집으며 상대의 손목을 돌려 잡고 배꼽 부위로 채법으로 당기며 오른쪽 권은 상대의 복부 혹은 늑골 부위를 공격한다. 상대가 왼쪽 팔꿈치를 가라앉혀 나의 오른쪽 팔꿈치를 막아 권의 공격을 무력화하면 권의 큰 힘을 가해 안쪽으로 자전시켜 이두근 부위에 탄두경을 만들고 상대의 왼쪽 팔꿈치 관절을 공격한다.

요점

제2번 동작의 오른손은 들어올렸을 시 손바닥, 발출 시 주먹을 쥐며 쳐낸다.

제3번 동작의 왼손은 신법이 왼쪽으로 돌릴 때 구심력(음)을 빌어 잡아채고 오른쪽 권은 신법을 왼쪽으로 돌릴 때 원심력(양)을 빌어 공격한다. 좌파, 우권과 양쪽 다리의 지탱하는 공력은 서로 음양, 상대, 상등의 합일이며 또한 발출하는 것은 태극권 동작과 공력이 서로 연결되는 것이다.

13. 우전신도대(右轉身搗碓)

모두 5개의 분해 동작이다.

1. 시선은 오른쪽 동남쪽을 보고 신법은 왼쪽으로 돌려 가슴을 서북쪽으로 향한다. 왼쪽 다리는 고관절의 경을 가라앉혀 견고하게 세우고 오른쪽 다리는 고관절의 경을 열어 측마보를 만든다. 오른쪽 권은 순전하여 팔꿈치를 가라앉히고 권심은 왼쪽을 향한다. 왼손은 역전하여 오른뺨 부위에 이르고 손바닥은 오른쪽을 향하며 중지는 위로 치켜세운다.

작용: 우고붕법(右靠掤法)

상대가 우측에서 양손으로 나의 오른팔을 눌러 밀면 그 흐름을 타고 왼쪽으로 신법을 돌리고 오른쪽 팔꿈치를 가라앉혀 공격을 무력화시키고 오른쪽 어깨 고법으로 상대의 가슴 부위를 공격한다. 왼손은 위로 들어 방이 작용을 한다.

2. 시선은 불변하고 신법은 오른쪽으로 돌려 가슴을 동쪽으로 향한다. 왼쪽 다리는 발끝을 감아 당기고 오른쪽 다리는 고관절의 경을 가라앉혀 내측으로 접고 보형은 불변한다. 왼손은 역전하여 바깥쪽 아래로 원을 그리며 호저로 펼치고 손바닥은 아래로 향하며 중지는 동쪽으로 치켜세운다. 오른손은 역전하여 장으로 만들고 바깥쪽 위로 원을 그리며 호정으로 펼치고 손바닥은 동남쪽을 향하고 중지는 왼쪽 전방으로 비스듬히 치켜세운다.

작용: 우고주법(右靠肘法)

상대방이 안법(按法)으로 나의 고법을 무력화하고 다시 밀어 누르면 그 흐름을 타고 오른쪽으로 신법을 돌리고 오른쪽 어깨와 팔꿈치로 상대를 공격한다.

3. 시선은 불변하고 신법은 오른쪽으로 돌려 가슴을 동남쪽으로 향한다. 왼쪽 다리는 고관절의 경을 가라앉히고 오른쪽 다리는 왼쪽 다리 앞으로 당겨 마보를 만든다. 왼손은 바깥쪽 아래로 원을 그리며 호첨을 지나 호정으로 들어올리고 손바닥은 위쪽을 향하고 중지는 왼쪽으로 비스듬히 치켜세운다. 오른손은 역전하여 바깥쪽 위로 원을 그리며 호첨을 지나 호저로 당기고 손바닥은 동북쪽을 향하고 중지는 앞쪽위로 비스듬히 치켜세운다.

작용: 우퇴소법우수단열법(右腿掃法右手單捯法)

상대가 고주법을 무력화하고 오른쪽으로 신법을 돌려 왼발을 나아가 왼쪽 어깨 고법으로 나의 가슴 부위를 공격하면 그 흐름을 타고 신법을 오른쪽으로 돌려 왼손으로 상대의 손목을 잡아 아래로 비틀며 오른손 열법으로 공격한다. 동시에 오른발 뒤꿈치로 상대의 왼발을 바깥쪽으로 쓸어 당겨 상대가 중심을 잃도록한다.

4. 시선을 불변하고 신법은 먼저 왼쪽으로 돌리고 다시 원위치로 돌려 가슴을 동쪽으로 향한다. 왼쪽 다리는 고관절의 경을 가라앉혀 견고하게 세운다. 오른쪽 다리는 무릎을 들어 독립보를 만든다. 왼손은 왼쪽으로 돌릴 때 호근으로 모아 순전하여 손을 움켜쥐며 신법이 오른쪽으로 돌릴 때 배꼽 아래로 가라앉히며 손을 펴고 손바닥은 위쪽을 향하며 중지는 오른쪽을 향한다. 오른손은 신법을 왼쪽으로 돌릴 때 손을 움켜쥐고 신법을 오른쪽으로 돌리는 것에 따라 아래턱 앞으로 들어 올리며 권심은 안쪽을 향한다.

작용: 쌍수포전슬타법(雙手抱纏膝打法)

상대가 팔꿈치를 가라앉혀 열법을 무력화하면 나는 오른쪽 다리를 들어 타법으로 상대방의 당부 혹은 아랫배를 가격한다.

5. 시선과 신법은 불변한다. 왼쪽 다리는 고관절의 경을 가라앉혀 다리를 건고하게 세우고 오른쪽 다리는 진각으로 내려 어깨너비의 마보를 만든다. 왼손은 불변하고 오른손은 진각과 동시에 왼쪽 장심 위로 내려치고 권심은 위쪽을 향한다.

작용: 우각타법(右脚跺法)

상대가 슬타법을 무력화하면 양손의 열나법에 전사를 가하며 오른발로 상대방의 발을 밟아 공격한다.

요점

제1동작의 시선은 반드시 오른쪽 후방을 주시해야 한다.

제2동작은 오른손을 위로 펼칠 때 손이 팔꿈치를 이끌어야 한다.

제3동작은 오른발이 뒤로 퇴보할 때 중정이 흩어지지 않도록 한다.

14. 십자수(十字手)

모두 2개의 분해 동작이다.

1. 시선은 동남쪽을 보고 신법은 오른쪽으로 돌려 가슴을 동남쪽으로 향한다. 양쪽 다리는 경을 가라앉히고 오른쪽 고관절을 안쪽으로 접어 보법은 불변한다. 왼손은 역전하여 바깥쪽 아래로 원을 그리고 호첨으로 펼치고 손바닥은 아래를 향하고 중지는 동남쪽으로 비스듬히 치켜세운다. 오른손은 역전하여 장으로 만들고 바깥쪽 아래로 원을 그리며 호저로 펼치고 손바닥은 아래를 향하고 중지는 동쪽으로 비스듬히 치켜세운다.

작용: 우하제붕법(右下擠掤法)

상대가 발을 빼고 공격을 무력화하고 양손으로 나의 양손을 눌러막아 공격하면 그 흐름을 따라 오른쪽으로 신법을 돌려 오른손 제법으로 공격한다.

2. 시선은 불변하고 신법은 왼쪽으로 돌리고 가슴을 동쪽으로 향한다. 왼쪽 다리는 고관절의 경을 가라앉히고 오른쪽 다리는 남쪽으로 나아가 측마보를 지나 마보를 만든다. 오른손은 역전하여 바깥쪽 위로 원을 그리고 순전하여 호근으로 모은다. 왼손은 역전하여 위로 원을 그리고 순전하며 호근으로 모은다. 양손은 오른쪽 손목이 왼쪽 손목을 누르고 비스듬한 십자 형태를 이룬다. 왼손 손바닥은 남쪽을 향하고 오른손 손바닥은 북쪽을 향한다. 중지는 비스듬한 십자 형태로 치켜세운다.

작용: 우진보고붕법(右進步靠掤法)

상대가 제법 공격을 무력화하여 막아 누르면 그 흐름을 따라 오른쪽 다리가 나아가 고법과 주법으로 상대의 가슴과 복부를 공격한다.

15. 비신추(庇身捶)

모두 4개의 분해 동작이다.

1. 시선은 동남쪽을 보고 신법은 왼쪽으로 돌려 가슴을 동북쪽으로 향한다. 왼쪽 다리는 고관절의 경을 가라앉혀 내측으로 접고 보형은 불변한다. 왼손은 신법을 따라 역전하여 주먹을 쥐고 바깥쪽 아래로 원을 그리고 호저로 펼치고 권은 아래로 향한다. 오른손은 순전하여 권을 쥐고 호근에서 자전하고 권심은 서남쪽을 향한다.

작용: 우견고법(右肩靠法)

상대가 고법을 무력화하고 밀어 공격해 오면 왼쪽으로 신법을 돌려 오른쪽 어깨의 고법을 깊게 들어가고 상대의 가슴과 복부를 공격하며 오른쪽 손목을 자전으로 돌려 공격이 조화롭게 이루어지도록 만든다.

2. 시선은 불변하고 신법은 오른쪽으로 돌려 가슴을 동남쪽으로 향한다. 양쪽 다리는 마보를 거쳐 측마보를 만든다. 왼쪽 권은 역전하여 바깥쪽 아래로 원을 그리며 호정으로 펼치고 권심은 위를 향한다. 오른쪽 권은 역전하여 바깥쪽 아래로 원을 그리며 호저로 펼치고 권심은 아래로 향한다.

작용: 우권하제격법(右拳下擠擊法)

상대가 몸을 오른쪽으로 빠르게 돌려 고붕법을 무력화하면 그 흐름을 타고 오른쪽 권의 바깥쪽 부분으로 상대의 당부를 공격한다.

3. 시선은 불변하고 신법은 왼쪽으로 돌리고 가슴을 동북쪽으로 향한다. 양쪽 다리는 마보를 거쳐 측마보를 만든다. 왼쪽 권은 순전하여 원을 그리며 호근을 지나 다시 역전하며 왼쪽 허리 부위로 당겨 붙인다. 오른쪽 권은 역전하여 바깥쪽으로 펼치고 다시 위로 원을 그리며 순전하여 호정으로 당기고 권심은 서쪽을 향한다.

작용: 좌채우랄열법(左采右拶挒法)

상대가 왼손으로 나의 오른팔을 밀면 그 흐름을 타고 왼손으로 상대방의 왼쪽 손목을 돌려 잡고 오른팔로 상대방의 왼팔을 받쳐 올려 공격한다.

4. 시선은 동북쪽을 보고 신법은 오른쪽으로 돌려 가슴을 동쪽으로 향한다. 오른쪽 다리는 고관절의 경을 가라앉혀 견고하게 세우고 왼쪽 다리는 신법을 따라 고관절을 열어 펼치고 측마보를 만든다. 왼손은 허리 부분에 차고 팔꿈치를 앞쪽 아래로 당기고 오른쪽 권은 역전하여 팔꿈치를 원위치에서 자전하고 권심은 동쪽을 향한다.

작용: 우상제법(右上擠法)

만약 상대가 왼쪽 팔꿈치를 가라앉혀 채법을 무력화하고 고주제법으로 나의 가슴
과 복부를 연환하여 공격하면 그 흐름을 타고 신법을 오른쪽으로 돌려 왼손에 돌
려 잡은 각도를 더 크게 하여 몸통의 지렛대 작용으로 오른쪽 제법으로 공격한다
(또한 반대쪽에서 나의 허리를 껴안아 밀면, 신법을 오른쪽으로 돌려 무력화한다).

16. 배절고(背折靠)

모두 3개의 분해 동작이다.

1. 시선은 동남쪽을 보고 신법은 왼쪽으로 돌려 가슴을 동북쪽으로 향한다. 보형은 불
변하고 경을 가라앉혀 마보를 만든다. 왼손은 순전하여 오른뺨 부위로 당긴다. 오
른쪽 권은 순전하여 팔꿈치를 가라앉히고 가슴 앞으로 당겨 권심은 위를 향한다.

작용: 좌수엄호우수발붕법(左手掩護右手發掤法)

상대가 왼쪽 팔꿈치를 가라앉혀 제법을 무력화하고 안법으로 공격하면 그 흐름을

타고 왼쪽으로 신법을 돌리고 팔꿈치를 가라앉혀 무력화하며 손이 발출된다. 왼손은 동시에 나의 오른쪽 목과 얼굴 부위를 방어한다.

2. 시선은 불변하고 신법은 오른쪽으로 돌려 가슴을 동남쪽으로 향한다. 양쪽 다리는 신법을 따라 마보를 지나 측마보를 만든다. 왼손은 오른쪽 팔꿈치 옆으로 내려 장심을 아래로 향하고 중지는 비스듬히 치켜세운다. 오른쪽 권은 역전하여 왼쪽 팔꿈치 아래로 권을 숨기고 권심은 아래를 향한다.

작용: 좌수봉우수축력법(左手封右手蓄力法)
상대의 안법 공세를 무력화하고 왼손으로 상대방의 왼팔을 막아 누르고 오른손은 아래쪽 제법으로 연결하여 힘을 축적하며 공격을 준비한다.

3. 시선은 불변하고 신법은 왼쪽으로 돌려 가슴을 동쪽으로 향한다. 양쪽 다리는 경을 가라앉혀 마보를 만든다. 왼손은 순전하여 배꼽 부위로 당겨 파형을 만들고 파심은 아래를 향한다. 오른쪽 권은 순전하여 호정으로 펼친다. 권심은 서북쪽을 향한다.

작용: 좌채우제주고법(左采右擠肘靠法)
상대가 왼손으로 나의 왼손을 밀고 오른손을 뽑으려 하면 그 흐름을 타고 왼손으

로 상대방의 왼손을 돌려 잡고 채법으로 당기며 오른팔로 제·주·고법으로 휘둘러
뿌리듯이 공격한다.

17. 하엄수추(下掩手捶)

모두 3개의 분해 동작이다.

1. 시선은 동남쪽을 보고 신법은 오른쪽으로 돌려 가슴을 동남쪽으로 향한다. 양쪽
다리는 마보를 거쳐 측마보를 만든다. 오른쪽 권은 역전하여 원을 그리고 호저로
펼치며 권심은 아래를 향한다. 왼손은 순전하여 장으로 만들어 오른쪽 권등 위에
붙이고 장심은 위를 향하고 중지는 앞쪽 아래를 향한다.

작용: 좌수전나우수붕법(左手纏拿右手掤法)
만약 상대가 나의 오른쪽 전방에서 오른손으로 오른쪽 손목을 잡아 돌리며 팔을
비틀면 그 흐름을 타고 신법을 오른쪽으로 돌려 오른쪽 손목을 아래로 역전하여
무력화하고 왼손은 오른손과 조합하여 왼쪽 손목을 틀어잡는다.

2. 시선은 불변하고 신법은 계속 오른쪽으로 돌려 가슴을 남쪽으로 향한다. 양쪽 다
리는 경을 가라앉히고 오른쪽 고관절을 내측으로 접어 보형은 불변한다. 오른쪽
권은 순전하여 원을 그리며 호근으로 당기고 권심은 위쪽을 향한다. 왼손은 역전
하여 장을 밀고 손바닥은 아래쪽을 향하고 중지는 앞으로 비스듬히 치켜세운다.

작용: 좌수붕채법우수축력법(左手掤采法右手蓄力法)
상대가 왼손을 들어올려 붕법으로 나의 왼손이 돌려 잡은 것을 풀면 그 흐름을 타고 왼손을 돌려 바깥쪽으로 보내 계속 상대방의 왼쪽 손목을 제압하고 오른쪽 권은 동시에 힘을 모아 공격을 준비한다.

3. 시선은 불변하고 신법은 왼쪽으로 돌려 가슴을 동쪽으로 향한다. 양쪽 다리는 경을 가라앉히고 오른쪽 고관절의 경을 열고 마보를 만든다. 왼손은 순전하여 배꼽 부위로 모아 파법을 만들고 파심은 아래를 향한다. 오른쪽 권은 동시에 역전하여 오른쪽 무릎 위쪽 방향으로 충권으로 치고 권심은 아래를 향한다.

작용: 좌채우권제열법(左采右拳擠挒法)
상대가 왼손 제법으로 무력화하면 그 흐름을 타고 왼손으로 상대방의 왼쪽 손목을 돌려 잡아당기고 오른쪽 권은 바깥쪽 부위로 상대방의 복부를 공격한다.

18. 쌍추수(雙推手)

모두 5개의 분해 동작이다.

1. 시선은 동남쪽을 보고 신법은 왼쪽으로 돌려 가슴을 동북쪽으로 향한다. 왼쪽 다리는 경을 가라앉혀 고관절을 내측으로 접고 보형은 불변한다. 왼손은 순전하여 배꼽 부위에서 자전하고 파법을 유지한다. 오른쪽 권은 순전하여 오른쪽 팔꿈치를 가라앉히며 호저로 당기고 권심은 서북쪽을 향한다.

작용: 좌채우주굉열법(左采右肘肱挒法)

상대가 팔꿈치를 가라앉혀 무력화하면 신법을 왼쪽으로 돌리고 상대의 왼쪽 손목을 돌려 잡고 오른쪽 팔꿈치와 팔뚝 부위로 상대방의 왼쪽 팔꿈치 관절을 공격한다.

2. 시선은 불변하고 신법은 오른쪽으로 돌려 가슴을 동남쪽으로 향한다. 오른쪽 다리는 신법을 따라 경을 가라앉혀 고관절을 내측으로 접고 보형은 불변한다. 오른쪽 권은 호근으로 당기고 역전시켜 장형으로 만들어 호첨으로 수평이 되게 펼치고 손바닥은 아래를 향하고 중지는 어깨를 향해 원형으로 유지한다. 왼손은 역전하여 장형으로 만들어 손바닥을 오른쪽 전완 내측에 붙인다.

진식실용태극권법 1로

작용: 우고주제법(右靠肘擠法)

상대가 우측에서 굉열법을 무력화하고 좌제·우상채법으로 이끌어 공격하려 하면 그 흐름을 타고 오른쪽으로 신법을 돌려 우측 고주제붕법으로 역공하고 왼손은 우측 팔을 보조하여 돕는다.

3. 시선은 불변하고 신법은 왼쪽으로 돌려 가슴을 동북쪽으로 향한다. 왼쪽 다리는 발뒤꿈치를 축으로 발끝을 외측으로 돌려 마보를 만든다. 왼손은 순전하여 배꼽 부위로 모으고 파법을 만들어 파심은 아래를 향한다. 오른손은 순전하여 팔꿈치를 가라앉혀 안쪽 아래로 원을 그리며 호저로 모으고 손바닥은 동북쪽을 향하고 중지는 동남쪽으로 비스듬히 치켜세운다.

작용: 좌채우랄붕법(左采右捋掤法)

상대가 나의 고·주·제법의 공세를 무력화하고 왼손 제법으로 나의 복부를 공격하면 그 흐름을 타고 왼손으로 상대의 왼쪽 손목을 돌려 잡아 배꼽 부위로 당기고 오른손은 상대의 왼쪽 팔꿈치를 막아 랄법으로 이끌고 왼쪽 발끝을 바깥쪽으로 돌리며 랄경에 힘을 더해 상대방의 왼쪽 팔꿈치 관절을 제압한다.

4. 시선은 동북쪽을 향하고 신법은 왼쪽으로 돌려 가슴을 북쪽으로 향한다. 왼쪽 다리는 신법에 따라 경을 가라앉히고 오른쪽 다리는 동북쪽으로 반보 나아가 전허보를 만든다. 왼쪽 파법은 순전하여 장형을 만들고 호근으로 손을 들어올려 손바닥은 위를 향하고 중지는 동북쪽으로 비스듬히 치켜세운다. 오른손은 순전하여 호정으로 들어올리고 장심은 위쪽을 향하고 중지는 동북쪽 위로 비스듬히 치켜세운다.

작용: 쌍수열법우퇴소법(雙手挒法右腿掃法)

상대가 팔꿈치를 가라앉혀 무력화하며 왼발이 나아가 왼손 제법으로 공격하면 그 흐름을 타고 왼쪽으로 신법을 돌릴 때 만들어지는 힘을 이용하여 상대의 손목을 돌려 잡고 왼쪽 팔꿈치 관절을 눌러 막아 열법으로 공격한다. 만약 상대의 왼발이 나의 안쪽에 위치하면 오른발 내측으로 상대의 발뒤꿈치를 쓸어 당긴다.

5. 시선은 불변하고 신법은 오른쪽으로 돌려 가슴을 동북쪽으로 향한다. 오른쪽 다리는 동북쪽으로 나아가고 왼쪽 다리는 작은 보폭으로 당겨 전허보를 만든다. 양손은 역전하여 동북쪽 호첨으로 밀고 양손 장심은 모두 동북쪽을 향하고 중지는 위쪽을 향한다.

작용: 진보쌍봉안장(進步雙封按掌)

쌍수 열법과 우퇴소법 후에 바로 이어서 오른쪽 다리가 상대방 쪽으로 파고 들어가며 상대의 흐름을 타고 상대방 팔을 막으며 가슴과 복부를 밀어내며 공격한다.

19. 삼환장(三換掌)

모두 3개의 분해 동작이다.

1. 시선은 동북쪽을 보고 신법은 오른쪽으로 돌려 가슴을 동쪽으로 향한다. 오른쪽
다리는 경을 가라앉히고 고관절을 내측으로 접고 보형은 불변한다. 왼손은 역전하
여 호첨으로 장을 찔러 넣고 손바닥은 북쪽을 향하고 중지는 오른쪽으로 비스듬히
치켜세운다. 오른손은 순전하여 왼손 등을 따라 명치 쪽으로 모으고 장심은 서쪽
을 향하며 중지는 동북쪽으로 비스듬히 치켜세운다.

작용: 우채좌완붕법(右采左腕掤法)
상대방이 왼쪽 손목을 돌려 잡고 비틀어 공격하면 그 흐름을 타고 왼손 장을 찔러
넣어 무력화하고 오른쪽 손목을 돌려 잡아 채법으로 당긴다.

2. 시선은 불변하고 신법은 왼쪽으로 돌려 가슴을 북쪽으로 향한다. 왼쪽 다리는 경
을 가라앉히고 고관절을 내측으로 접고 보형은 불변한다. 왼손은 순전하여 호근으
로 당기고 손바닥은 동남쪽을 향하고 중지는 동북쪽으로 비스듬히 치켜세운다. 오
른손은 역전하여 왼쪽 팔꿈치 안쪽을 따라 호첨으로 펼치고 손바닥은 아래를 향하
며 중지는 북쪽으로 비스듬히 치켜세운다.

작용: 좌채우완붕법(左采右腕掤法)

상대가 오른쪽 손목을 돌려 잡고 오른팔을 비틀어 공격하면 그 흐름을 타고 오른쪽 장을 역전하며 찔러 넣어 무력화하고 왼손은 돌려 잡아 채법으로 당긴다.

3. 시선은 불변하고 신법으로 오른쪽으로 돌려 가슴을 동북쪽으로 향한다. 오른쪽 다리는 경을 가라앉히고 내측으로 접고 보형은 불변한다. 왼손은 순전하여 팔꿈치를 가라앉혀 호근에서 오른뺨 부위로 당기고 손바닥은 위로 향하고 중지는 북쪽으로 비스듬히 치켜세운다. 오른손은 순전하여 왼쪽 팔꿈치 부위로 모으고 손바닥은 서쪽을 향하고 중지는 왼쪽 전방으로 비스듬히 치켜세운다.

작용: 좌주배합우수열법(左肘配合右手挒法)

상대가 양손으로 나의 왼쪽 팔꿈치를 막아 밀면 그 흐름을 타고 신법을 오른쪽으로 돌려 오른손으로 상대의 오른쪽 손목을 막아 잡고 왼쪽 팔꿈치를 돌려 당기며 팔꿈치 열법을 만든다.

요점

이 동작은 왼쪽 팔꿈치가 신법을 따라 오른쪽으로 돌릴 때 원심력을 만들어 순전시켜 자전하는 것과 배합하여 공력을 일으키고(양) 오른손은 신법을 따라 오른쪽으로 돌릴 때 구심력을 만들어 순전시켜 자전하는 것과 배합하여 공력을 만들며(음) 양쪽 다리는 음양이 지탱하는 공력으로 서로 대등하고 서로 균등하게 결합한다.

20. 주저추(肘底捶)

모두 2개의 분해 동작이다.

1. 시선은 북쪽을 향하고 신법은 왼쪽으로 돌려 가슴을 서북쪽으로 향한다. 왼쪽 다리는 경을 가라앉히고 왼쪽 고관절을 내측으로 접어 보형은 불변한다. 왼손은 역전하여 원을 그리며 배꼽 부위를 지나 호저로 펼치고 손바닥은 아래를 향하며 중지는 북쪽으로 비스듬히 치켜세운다. 오른손은 역전하여 왼쪽 팔꿈치 위쪽으로 들어 호첨으로 수평이 되게 펼치고 손바닥은 아래를 향하고 중지는 왼쪽으로 비스듬히 치켜세운다.

작용: 좌채우굉열법(左采右肱挒法)
상대가 팔꿈치를 가라앉혀 무력화하면 왼손과 오른손을 전후로 전환하는 방법으로 상대의 오른쪽 팔꿈치를 차단하며 열법으로 공격한다.

2. 시선은 불변하고 신법은 오른쪽으로 돌려 가슴을 동북쪽으로 향한다. 오른쪽 다리는 경을 가라앉히고 고관절을 내측으로 접어 보형은 불변한다. 왼손은 먼저 순전하여 아래에서 위로 원을 그리며 들어 올리고 역전하여 왼쪽 뺨 부위로 돌려 당기며 다시 순전하여 북쪽 호첨으로 장을 내리치고 손바닥은 동쪽을 향하며 중지는 위로 비스듬히 치켜세운다. 오른손은 역전하여 북쪽 호첨으로 계속 장을 누른 후 바로 순전하여 팔꿈치를 가라앉혀 왼쪽 팔꿈치 아래로 모아 권형을 만들고 권심은 안쪽을 향한다.

작용: 좌주우수열법(左肘右手捩法)

만약 상대가 오른손으로 나의 안쪽 팔꿈치를 잡고 안법으로 나를 공격하면 나는 바로 오른손으로 상대의 오른쪽 손목을 돌려 잡고 왼손으로 팔꿈치를 열법 공격 한다.

요점

이 동작은 왼쪽 팔꿈치가 신법을 따라 오른쪽으로 돌릴 때 원심력을 만들어 자전하는 것과 배합하여 공력 을 일으키고(양) 오른손은 신법을 따라 오른쪽으로 돌릴 때 구심력을 만들어 자전하는 것과 배합하여 공력 을 만들며(음) 양쪽 다리는 음양이 지탱하는 공력으로 서로 대등하고 서로 동등하게 결합한다. 몸 주위는 사방이 태극 동작과 공력이 합일하여 만들어진다.

21. 도권굉(倒卷肱)

모두 7개의 분해 동작이다.

1. 시선은 북쪽을 보고 신법은 왼쪽으로 돌려 가슴을 서북쪽으로 향한다. 왼쪽 다리 는 남쪽으로 발끝을 지면에 내리며 측마보를 만든다. 왼발 뒤꿈치를 지면에 내릴 때 오른발 발끝을 안쪽으로 돌리고 마보를 만든다. 왼손은 순전하여 원을 그리며 배꼽 부위로 내려 파형을 만들고 파심은 아래를 향한다. 오른손은 역전하여 장형 을 만들어 호첨으로 수평이 되게 펼치고 손바닥은 아래를 향하며 중지는 왼쪽으로 비스듬히 치켜세운다.

작용: 좌채우굉평열법(左采右肱平挒法)

상대가 오른쪽 팔꿈치를 가라앉혀 안장으로 밀어 공격해 오면 신법을 왼쪽으로 돌리고 왼쪽 다리를 뒤로 빼며 왼손 채법으로 상대의 왼쪽 손목을 잡고 배꼽 부위로 당긴다. 오른쪽 전완 부위로 상대방 왼쪽 팔꿈치 아래쪽 혹은 위에 붙여 평열법으로 공격한다.

2. 시선은 불변하고 신법은 계속 왼쪽으로 돌려 가슴을 서쪽으로 향한다. 왼쪽 다리는 경을 가라앉혀 견고하게 세운다. 오른쪽 다리는 발바닥을 지면에 붙이고 남쪽으로 당겨 작은 보폭의 마보를 만든다. 왼손은 역전하여 장형을 만들고 호첨으로 밀고 손바닥은 서남쪽을 향하며 중지는 위로 치켜세운다. 오른손은 역전하여 계속 호첨으로 밀며 손바닥은 북쪽을 향하고 중지는 비스듬히 위쪽으로 치켜세운다.

작용: 좌수채법우굉열법(左手采法右肱挒法)

상대가 왼손에 힘을 가해 공격하면 나는 왼손에 채법을 강화하고 오른쪽 전완 부위로 상대의 왼쪽 팔꿈치 반관절에 붙여 흔들어 떨치는 열법 공격을 한다. 오른쪽 다리는 상대방의 왼발이 나올 때 발뒤꿈치를 쓸어 당겨 중심을 잃게 한다.

3. 시선은 불변하고 신법은 오른쪽으로 돌려 가슴을 동북쪽으로 향한다. 오른쪽 다리는 뒤로 발끝을 내리며 측마보를 만든다. 왼발은 발끝을 안쪽으로 돌리고 마보를 만든다. 왼손은 계속 순전하여 왼뺨 부위를 지나 호첨으로 수평이 되게 펼치고 손바닥은 아래를 향하고 중지는 오른쪽으로 비스듬히 치켜세운다. 오른손은 순전하여 배꼽 부위로 당겨 파형을 만들고 파심은 아래쪽을 향한다.

작용: 우채좌굉평열법(右采左肱平挒法)

만약 상대가 나의 전방에서 오른쪽 권으로 공격하면 나는 신법을 오른쪽으로 돌리며 오른쪽 다리를 뒤로 빼고 오른손 채법으로 상대의 오른쪽 손목을 잡고 배꼽 부위로 당긴다. 왼쪽 전완 부위로 상대방 오른쪽 팔꿈치 아래쪽 혹은 위에 붙여 평열법으로 공격한다.

4. 시선은 불변하고 신법은 계속 오른쪽으로 돌려 가슴을 동쪽으로 향한다. 오른쪽 다리는 고관절의 경을 가라앉혀 견고하게 세운다. 왼쪽 다리는 발바닥을 지면에 붙이고 당겨 작은 보폭의 마보를 만든다. 오른손은 장형을 만들어 호첨으로 밀고 손바닥은 동남쪽을 향하며 중지는 위로 치켜세운다. 왼손은 역전하여 호첨으로 밀고 손바닥은 북쪽을 향하고 중지는 비스듬히 위쪽으로 치켜세운다.

작용: 우수채법좌굉열법(右手采法左肱挒法)

상대가 오른손에 힘을 가해 공격하면 나는 오른손에 채법을 강화하고 왼쪽 전완 부위로 상대의 오른쪽 팔꿈치 반관절에 붙여 흔들어 떨치는 열법 공격을 한다. 왼쪽 다리는 상대방의 오른발이 나올 때 발뒤꿈치를 쓸어 당겨 중심을 잃게 한다.

5. 시선은 동북쪽을 보고 신법은 오른쪽으로 계속 돌려 가슴을 동남쪽으로 향한다. 오른쪽 다리는 고관절의 경을 가라앉혀 내측으로 접고 보형은 불변한다. 양쪽 손은 순전하여 안쪽 위로 원을 그리며 왼손은 동북쪽 호정으로 들어올리고 손바닥은 위로 향하며 중지는 동북쪽으로 치켜세운다. 오른손은 서남쪽 호정으로 들어올리고 손바닥은 위를 향하며 중지는 서남쪽으로 치켜세운다.

작용: 우채좌랄열법(右采左捋挒法)

만약 상대가 전방 오른쪽에서 팔꿈치를 가라앉혀 계속 공격해 오면 신법을 오른쪽으로 돌리며 왼쪽 전완 부위로 밀어 상대방 공격을 무력화시킨다. 오른손은 채법으로 당겨 공격을 돕는다.

6. 시선은 불변하고 신법은 왼쪽으로 돌리고 가슴을 북쪽으로 향한다. 왼쪽 다리는 서남쪽으로 발끝을 내려 측마보를 만든다. 오른쪽 다리는 발끝을 안쪽으로 돌리고 마보를 만든다. 왼손은 순전하여 배꼽 부위로 당겨 파형을 만들고 파심은 아래쪽을 향한다. 오른손은 역전하여 왼뺨 부위를 지나 호첨으로 수평이 되게 펼치고 손바닥은 아래를 향하고 중지는 오른쪽으로 비스듬히 치켜세운다.

작용: 좌수채법우굉열법(左手采法右肱挒法)

상대가 왼손에 힘을 가해 공격하면 왼손의 채법을 강화하고 오른팔로 상대의 왼쪽 팔꿈치 반관절에 붙여 흔들어 떨치는 열법 공격을 한다. 오른쪽 다리는 상대방의 왼발이 나올 때 발뒤꿈치를 쓸어 당겨 중심을 잃게 한다.

7. 시선은 불변하고 신법은 계속 왼쪽으로 돌려 가슴을 서북쪽으로 향한다. 왼쪽 다리는 고관절의 경을 가라앉히고 내측으로 접어 보형은 불변한다. 왼쪽 파형은 순전하여 배꼽 부위에서 자전한다. 오른손은 순전하여 호첨으로 밀고 손바닥은 동북쪽을 향하고 중지는 위쪽으로 비스듬히 치켜세운다.

작용: 좌수채법우굉열법(左手采法右肱挒法)

상대가 왼쪽 어깨에 힘을 빼고 팔꿈치를 가라앉혀 무력화하면 나는 왼손 채법에 힘을 가하고 왼쪽으로 돌려 팔꿈치 관절을 열법으로 흔들어 쳐낸다.

요점

초수와 도권굉의 두 가지 동작은 퇴보로 민첩하게 후퇴하며 중심을 깨는 동작이다. 이런 보법은 몸의 상하·전후·좌우 음양허실과 상대상등하며 합일되는 보법이다.

22. 백학량시(白鶴亮翅)

모두 2개의 분해 동작이다.

1. 시선은 동북쪽을 보고 신법은 오른쪽으로 돌려 가슴을 북쪽으로 향한다. 왼쪽 다리는 경을 가라앉혀 견고하게 세운다. 오른쪽 다리는 당겨 전허보를 만든다. 왼쪽 파형은 신법을 따라 장형으로 만들고 아래로 원을 그리며 호근으로 모으고 손바닥은 동남쪽을 향하며 중지는 위로 치켜세운다. 오른손은 순전하여 안쪽 아래로 원을 그리고 배꼽 아래를 지나 왼쪽 손목 아래로 모아 비스듬한 십자 형태를 만들고 손바닥은 서북쪽을 향하며 중지는 위로 치켜세운다.

작용: 우퇴소법우주붕법(右腿掃法右肘掤法)
상대가 왼쪽 팔꿈치를 가라앉히고 왼손 제법으로 나의 좌채우굉열법을 무력화하면 그 흐름을 타고 신법을 오른쪽으로 돌려 오른쪽 다리로 상대의 왼쪽 발뒤꿈치를 쓸어 당기고 동시에 오른쪽 전완 부위로 상대의 왼쪽 팔꿈치를 횡으로 밀어 오른쪽 소법과 함께 상대방이 평형을 잃게 한다.

2. 시선은 북쪽을 보고 신법은 먼저 왼쪽으로 돌리고 다시 오른쪽으로 돌려 가슴을 북쪽으로 향한다. 오른쪽 다리는 신법을 따라 왼쪽으로 돌릴 때 동북쪽으로 나아가 발끝을 내리고 고관절의 경을 가라앉혀 발뒤꿈치를 축으로 발끝을 돌려 견고하게 세운다. 왼쪽 다리는 앞으로 당겨 전허보를 만든다. 왼손은 오른쪽으로 돌릴 때 역전하여 아래로 원을 그리며 호저로 펼치고 손바닥은 아래를 향하고 중지는 오른쪽으로 비스듬히 치켜세운다. 오른손은 역전하여 위로 원을 그리며 호정으로 펼치고 손바닥은 북쪽을 향하며 중지는 좌측으로 비스듬히 치켜세운다.

작용: 우고상채좌안붕법(右靠上采左按掤法)

상대가 팔꿈치를 가라앉혀 공격을 무력화하면 상대의 가슴과 복부를 고법으로 공격하며 왼발을 당기는 관성의 흐름을 타고 오른쪽 팔꿈치의 붕법으로 상대방의 몸통 부위를 공격한다.

23. 루슬요보(摟膝拗步)

모두 5개의 분해 동작이다.

1. 시선은 불변하고 신법은 왼쪽으로 돌려 가슴을 서북쪽으로 향한다. 양쪽 다리는 고관절의 경을 가라앉히고 보형은 불변한다. 왼손은 순전하여 서남쪽 호정으로 펼치고 손바닥은 위쪽을 향하며 중지는 서남쪽으로 비스듬히 치켜세운다. 오른손은 호첨으로 손바닥을 밀며 호정으로 들어올리고 손바닥은 위쪽을 향하며 중지는 전방으로 비스듬히 치켜세운다.

작용: 우수인붕안법(右手引掤按法)

상대가 나의 채법을 무력화하면 그 흐름을 타고 왼쪽으로 몸을 돌리고 오른손으로 상대방의 오른쪽 손목을 안법으로 밀어낸다.

2. 시선은 불변하고 신법은 오른쪽으로 돌려 가슴을 동북쪽으로 향한다. 오른쪽 다리는 발끝을 바깥쪽으로 돌려 경을 가라앉힌다. 왼쪽 다리는 서북쪽을 향해 한 발 나아가 측마보를 만든다. 왼손은 순전하여 왼뺨 부위를 지나 호첨으로 손날을 내려친다. 팔꿈치는 늑골 부위에 위치하고 손바닥은 동남쪽을 향하며 중지는 왼쪽 전방으로 비스듬히 치켜세운다. 오른손은 역전하여 바깥쪽 아래로 원을 그리고 호저로 펼쳐 손바닥은 아래로 향하며 중지는 좌측 전방으로 비스듬히 치켜세운다.

작용: 진좌보우랄열법(進左步右挒捋法)

상대가 내 안법의 공세를 무력화하고 밀어 공격하면 상대방의 오른팔을 끌어당기고 왼쪽 다리를 나아가 왼쪽 팔꿈치 부위로 랄법으로 이끌어 팔꿈치 관절을 공격한다.

3. 시선은 불변하고 신법은 왼쪽으로 돌려 가슴을 서북쪽으로 향한다. 왼쪽 다리는 경을 가라앉히고 마보를 거쳐 측마보를 만든다. 왼손은 순전하여 아래로 원을 그리며 무릎 아래를 지나며 구수로 잡고 호첨으로 펼치고 구수의 끝은 아래로 향한다. 오른손은 호정을 향해 장으로 펼치고 다시 순전하여 오른뺨 부위를 지나 가슴 앞으로 당기고 손바닥은 서남쪽을 향하며 중지는 비스듬히 치켜세운다.

작용: 좌수주제붕법(左手肘擠掤法)

상대가 오른쪽 팔꿈치를 가라앉혀 열법의 공격을 무력화하고 오른쪽 고주법으로 연환하여 나의 가슴과 복부를 공격하면 제법으로 막고 상대의 오른팔 공격을 무력화시킨다.

4. 시선은 북쪽을 보고 신법은 오른쪽으로 돌려 가슴을 동북쪽으로 향한다. 양쪽 고관절의 경을 가라앉혀 보형은 불변한다. 오른손은 역전하여 원을 그리며 호첨으로 펼친다. 손바닥은 아래로 향하고 중지를 왼쪽 전방으로 비스듬히 치켜세운다. 왼손은 구수를 유지하고 원위치에서 역전한다.

작용: 좌우제법(左右擠法)

상대가 나의 공격을 무력화시키면 나는 왼팔의 제법을 더욱 강화시키며 오른팔을 수평으로 펼쳐 상대의 목 부위 또는 안면 부위를 제법으로 공격한다.

5. 시선은 불변하고 신법은 왼쪽으로 돌려 가슴을 북쪽으로 향한다. 양쪽 다리는 고관절의 경을 가라앉혀 견고하게 세우고 보형은 불변한다. 오른손은 순전하여 호첨으로 펼치고 손바닥은 북쪽을 향하며 중지는 오른쪽 전방으로 비스듬히 치켜세운

다. 왼손 구수는 순전하여 손끝은 아래로 향한다.

작용: 우안법(右按法)

상대가 나의 오른팔 공격을 무력화하면 오른손 안법으로 상대방 목 또는 가슴 부위를 공격한다.

요점

2번 동작 시 양손의 음양의 공력이 상대적으로 상등하게 발휘하여 합일되어야 한다.

24. 섬통배(閃通背)

모두 8개의 분해 동작이다.

1. 시선은 북쪽을 보고 신법은 오른쪽으로 돌려 가슴을 동북쪽으로 향한다. 오른쪽 다리는 고관절 내측의 경을 가라앉히고 마보를 만든다. 왼손은 순전하여 장형으로 만들고 팔꿈치를 늑골 부위로 당기고 손바닥은 동북쪽을 향하고 중지는 위로 비스듬히 치켜세운다. 오른손은 역전하여 안쪽 아래로 원을 그리며 당기고 손바닥은 동남쪽을 향하고 중지를 아래로 향한다.

작용: 우랄붕법(右捋掤法)

만약 상대가 오른쪽 권으로 공격하면 나는 신법을 오른쪽으로 돌려 오른손으로 상대의 손목을 돌려 잡고 왼손은 팔꿈치를 막아 당긴다.

2. 시선과 신법은 불변한다. 오른쪽 다리는 경을 가라앉혀 안쪽으로 접어 견고하게 세운다. 왼쪽 다리는 당겨 마보를 만든다. 왼손은 순전하여 팔꿈치를 늑골 부위로 당겨 손바닥은 위쪽으로 향하고 중지는 앞쪽으로 비스듬히 치켜세운다. 오른손은 순전하여 팔꿈치를 가라앉혀 자전으로 휘감아 파형을 만들고 파심은 아래를 향한다.

작용: 좌랄열법좌퇴소법(左捋挒法左退掃法)

상대의 오른쪽 다리를 걸어 당기며 상대의 균형을 잃게 하고 동시에 오른손은 더욱 강하게 돌려 잡고 왼손 열법으로 공격한다.

3. 시선은 서북쪽을 보고 신법은 왼쪽으로 돌려 가슴을 서북쪽으로 향한다. 왼쪽 다리는 먼저 오른쪽 내측으로 거두어들이고 다시 서남쪽 퇴보로 옮긴다. 오른쪽 다리는 발뒤꿈치를 축으로 발끝을 안쪽으로 돌려 마보를 만든다. 왼손은 순전하여 배꼽 부위로 당겨 파형을 만들고 파심은 아래쪽을 향한다. 오른손은 역전하여 장형으로 만들고 오른뺨 부위로 휘감아 돌려 서북쪽 호첨으로 발출하고 손바닥은 서

남쪽으로 향하고 중지는 위로 비스듬히 치켜세운다.

작용: 좌퇴인우주열법(左退引右肘挒法)

상대가 오른손 제법으로 나의 공격을 무력화하여 공격해 오면 그 흐름을 타고 신법을 왼쪽으로 돌려 왼쪽 다리를 뒤로 빼고 왼손으로 상대의 왼쪽 손목을 돌려 잡고 배꼽 부위로 당기고 동시에 오른쪽 팔꿈치 혹은 전완 부위로 상대방의 왼쪽 팔꿈치 관절을 공격한다.

4. 시선은 북쪽을 보고 신법은 오른쪽으로 돌려 가슴을 동북쪽으로 향한다. 오른쪽 다리는 발뒤꿈치를 축으로 발끝을 바깥쪽으로 돌린다. 왼쪽 다리는 발끝을 축으로 뒤꿈치를 들어 바깥쪽으로 돌려 헐보를 만든다. 오른손은 역전하여 아래로 원을 그리며 동남쪽 호저로 펼치고 손바닥은 아래를 향하며 중지는 북쪽으로 비스듬히 치켜세운다. 왼손은 순전하여 장형을 만들고 바깥쪽 위로 원을 그리며 북쪽 호첨으로 펼치고 손바닥은 동북쪽을 향하며 중지는 북쪽으로 비스듬히 치켜세운다.

작용: 우채좌랄열법(右采左捋挒法)

상대가 우주열법을 무력화하면 그 흐름을 타고 신법을 오른쪽으로 돌려 오른손으로 상대방의 왼손을 돌려 잡고 왼손은 상대방의 팔꿈치를 랄열법으로 공격한다.

5. 시선은 불변하고 신법은 먼저 오른쪽으로 돌리고 다시 왼쪽으로 돌려 가슴을 동북쪽으로 향한다. 왼쪽 다리는 오른쪽으로 돌릴 때 북쪽으로 한 발 나아가 측마보를 만들고 다시 왼쪽으로 돌릴 때 고관절의 경을 가라앉혀 견고하게 세운다. 오른쪽 다리는 왼발 뒤로 당겨 마보를 만든다. 왼손은 순전히어 안쪽 위로 원을 그리며 호저로 내리고 손바닥은 아래쪽을 향하며 중지는 오른쪽으로 비스듬히 치켜세운다. 오른손은 순전하여 허리 부위로 당기고 다시 북쪽 호첨으로 찌르며 손바닥은 위쪽을 향하고 중지는 앞쪽으로 비스듬히 치켜세운다.

작용: 진보좌수채법우천장제열법(進步左手采法右穿掌擠挒法)

상대가 팔꿈치를 가라앉혀 공격을 무력화하면 상대의 왼손을 돌려 잡아당기며 오른쪽 다리를 앞으로 당겨 오른쪽 손끝으로 상대방의 후두부를 공격하며 또한 전완으로 상대의 팔꿈치를 막으며 제열법으로 공격한다.

6. 시선은 불변하고 신법으로 오른쪽으로 돌려 가슴을 동쪽으로 향한다. 왼쪽 다리는 발뒤꿈치를 축으로 발끝을 안쪽으로 돌린다. 오른쪽 다리는 고관절 내측에 경을 가라앉히고 내측마보를 만든다. 왼손은 역전하여 아래로 원을 그리며 호저로 밀고 손바닥은 북쪽을 향하며 중지는 동쪽을 향한다. 오른손은 역전하여 호근으로 당겨 파형을 만들고 파심은 아래를 향한다.

작용: 우채좌안법(右采左按法)

상대가 오른손으로 오른쪽 손목을 밀어 누르고 제법을 무력화하면 그 흐름을 타고 상대방의 손목을 파법으로 잡고 오른쪽으로 신법을 돌려 채법으로 당긴다. 왼손은 동시에 손을 뒤집어 상대방의 허리 부위를 공격한다.

7. 시선은 남쪽을 보고 신법은 오른쪽으로 돌려 가슴을 동남쪽으로 향한다. 왼쪽 다리는 경을 가라앉혀 견고하게 세운다. 오른쪽 다리는 발뒤꿈치를 들어 전허보를 만든다. 왼손은 순전하여 북쪽 호정으로 들어 올리고 손바닥은 위를 향하고 중지는 북쪽으로 비스듬히 치켜세운다. 오른손은 호근에서 파형을 유지한다.

작용: 우채좌랄도제(右采左捋倒擠)

상대가 몸을 움츠리며 안법의 공격을 무력화하면 그 흐름을 타고 신법을 오른쪽으로 돌려 오른손으로 계속 상대의 오른쪽 손목을 돌려 잡고 동시에 왼쪽 팔꿈치 내측으로 상대방의 오른쪽 팔꿈치 관절 내측을 받쳐 들어 올리고 왼쪽 어깨가 상대방의 팔꿈치 반관절이 들어오는 것을 막는다.

8. 시선은 불변하고 신법은 오른쪽으로 돌려 가슴을 서남쪽으로 향한다. 오른쪽 다리는 발끝으로 지면을 쓸어 서북쪽으로 빼고 발뒤꿈치를 지면에 내릴 때 왼쪽 다리는 왼쪽 발뒤꿈치를 축으로 발끝을 안쪽으로 돌려 마보를 만든다. 왼손은 뺨 부위를 지나 원을 그리며 남쪽 호첨으로 펼치고 손바닥은 남쪽을 향하고 중지는 위로 비스듬히 치켜세운다. 오른쪽 파형은 배꼽 부위로 당기고 파심은 아래를 향한다.

작용: 우채좌견열법(右采左肩挒法)

오른손 채법과 왼쪽 어깨를 들어올리는 랄열법 공세의 흐름을 타고 오른쪽으로 신법을 돌려 오른쪽 다리를 뒤로 빼고 오른손으로 상대의 오른쪽 손목을 돌려 잡아 배꼽 부위로 당기고 왼팔을 휘감아 돌려 상대방의 오른쪽 팔꿈치 관절을 누르며 상대방을 뒤로 넘어뜨린다.

요점

3번 동작의 오른팔은 팔꿈치를 가라앉히고 V 자 형태를 이룬다.

25. 진보엄수굉추(進步掩手肱捶)

1개의 분해 동작이다.

1. 시선은 남쪽을 보고 신법은 왼쪽으로 돌려 가슴을 동남쪽으로 향한다. 왼쪽 다리는 발뒤꿈치를 축으로 발끝을 바깥쪽으로 돌려 고관절의 경을 가라앉힌다. 오른쪽 다리는 남쪽으로 나아가고 발끝을 지면에 내려놓을 때 왼쪽 다리를 당겨 마보를 만든다. 왼손은 순전하여 배꼽 부위로 당기고 파형을 만들어 파심은 아래쪽을 향한다. 오른손은 순전하여 권으로 만들고 가슴 앞 호근으로 들어 역전하며 호첨으로 권을 치고 권심은 아래쪽을 향한다.

작용: 진보좌채우권충제우굉탄두열법(進步左采右拳沖擠右肱彈抖捌法)

만약 상대가 나의 전방에서 왼쪽 권으로 공격하면 나는 신법을 왼쪽으로 돌리고 왼손으로 상대의 왼쪽 손목을 돌려 잡아 배꼽 부위로 당겨 무력화한다. 동시에 오른쪽 다리가 앞으로 나아가 오른쪽 권으로 상대의 복부 혹은 늑골 부위를 충권으로 공격한다. 상대가 오른쪽 팔꿈치를 가라앉혀 충권의 공격을 무력화시키면 오른쪽 팔뚝 부위로 상대의 팔꿈치 관절을 흔들어 쳐내는 탄두경으로 공격한다.

요점

제21식 도권굉 7번의 음양대립, 상대상등의 동작과 같은 공력이다.

26. 퇴진보란찰의(退進步攔擦衣)

모두 3개의 분해 동작이다.

1. 시선은 동남쪽을 보고 신법은 왼쪽으로 돌려 가슴을 동쪽으로 향한다. 왼쪽 다리는 퇴보로 옮기고 오른쪽 다리는 쓸어 당겨 전허보를 만든다. 왼손은 역전하여 장형으로 만들고 아래로 원을 그리며 호근으로 모으고 손바닥은 서남쪽을 향하고 중지는 위로 비스듬히 치켜세운다. 오른쪽 권은 순전하여 장형으로 만들고 아래로 원을 그리며 호저를 지나 왼쪽 손목 아래로 겹쳐 모으고 손바닥은 서북쪽을 향하며 중지는 위로 비스듬히 치켜세운다.

작용: 퇴보좌채우퇴소법우굉열법(退步左采右退掃法右肱挒法)

상대가 팔꿈치를 가라앉혀 나의 공격을 막아 무력화시키면 그 흐름을 타고 신법을 왼쪽으로 돌려 양쪽 발을 퇴보로 빼고 왼손은 상대의 왼쪽 손목을 채법으로 당기고 동시에 오른쪽 팔뚝 부위로 상대의 왼쪽 팔꿈치 관절을 열법으로 공격한다. 또한 수법과 함께 퇴보로 다리를 걸어 당길 수도 있다.

2. 시선은 불변하고 신법은 먼저 왼쪽으로 돌리고 다시 오른쪽으로 돌려 가슴을 동남쪽으로 향한다. 왼쪽 다리는 왼쪽으로 돌릴 때 경을 가라앉히고 오른쪽 다리는 남쪽으로 나아가 측마보를 만든다. 다시 오른쪽으로 돌릴 때 오른쪽 고관절의 경을 가라앉히고 마보를 지나 측마보를 만든다. 오른손은 역전하여 바깥쪽 위로 원을 그리며 호첨으로 펼친다. 손바닥은 아래로 향하고 중지는 왼쪽 전방 위쪽으로 비스듬히 치켜세운다. 왼손은 오른쪽 손목에 붙이고 중지는 오른쪽 전방 위쪽으로 비스듬히 치켜세운다.

작용: 진우퇴우측고주제법(進右腿右側靠肘擠法)

상대가 제법으로 나의 공격을 막아 무력화시키면 그 세를 타고 오른쪽 다리가 나아가 고법, 주법, 제법으로 상대의 몸통 부위를 연환하여 공격하고 왼손은 보조하여 밀어 공격한다.

3. 시선은 불변하고 신법은 왼쪽으로 돌려 가슴을 동쪽으로 향한다. 왼쪽 다리는 고
   관절의 경을 가라앉히고 보형은 불변한다. 오른손은 바깥쪽으로 돌려 호첨으로 밀
   어낸다. 손바닥은 동남쪽을 향하고 중지는 오른쪽 전방 위로 비스듬히 치켜세운
   다. 왼손은 역전하여 팔꿈치를 왼쪽 늑골 부위로 당겨 붙이며 파형으로 만든다.

작용: 좌채우안법(左采右按法)

상대가 나의 우측 고·주·제법의 공격을 무력화하고 다시 왼손 제법으로 나의 복부
를 공격하면 상대의 왼쪽 손목을 돌려 잡고 채법으로 당기며 오른손 안법으로 상
대의 몸통 부위를 공격한다.

27. 육봉사폐(六封四閉)

모두 5개의 분해 동작이다.

1. 시선은 동남쪽을 보고 신법은 왼쪽으로 돌려 가슴을 동북쪽으로 향한다. 왼쪽 다
   리는 고관절의 경을 가라앉히고 보형은 변함이 없다. 왼손은 제자리에서 순전하고
   손바닥은 오른쪽 아래로 비스듬히 향하고 중지는 오른쪽 전방 아래로 비스듬히 향
   한다. 오른손은 순전하여 아래쪽으로 원을 그리며 호저를 지나 호근으로 모은다.
   손바닥은 서북쪽을 향하고 중지는 오른쪽 전방 위로 비스듬히 치켜세운다.

작용: 좌채우랄붕열법(左采右捋掤挒法)

상대가 나의 오른쪽 전방에서 오른손으로 나의 오른쪽 손목을 안법으로 누르면 나는 상대방 손목을 계속 돌려 잡고 오른팔 전완으로 상대의 팔꿈치 관절을 랄법으로 당기며 열법으로 공격한다. 만약 나의 오른팔이 상대방의 왼팔 아래에 있으면 나의 신법을 좌로 돌리며 들어오는 힘을 이용하여 오른쪽 팔뚝 부위가 상대방의 왼쪽 팔꿈치 관절을 점하고 왼팔의 구심력과 결합하여 좌채·우굉열법으로 상대방의 관절을 공격한다.

2. 시선은 불변하고 신법은 오른쪽으로 돌려 가슴을 동남쪽으로 향한다. 오른쪽 다리는 고관절의 경을 가라앉히고 왼쪽 다리는 뒤꿈치를 축으로 발끝을 안쪽으로 당겨 왼쪽 고관절를 열어 측마보를 만든다. 오른손은 역전하여 바깥쪽 위로 원을 그리며 호첨으로 펼친다. 손바닥은 아래로 향하고 중지는 왼쪽 전방 위로 비스듬히 치켜세운다. 왼손은 오른손과 배합하여 오른쪽 전완 안쪽에 붙인다. 중지는 오른쪽 전방 위쪽으로 비스듬히 치켜세운다.

작용: 우고주제법(右靠肘擠法)

상대가 나의 우측에서 고·주법을 무력화하고 다시 좌제·우상채법으로 이끌어 공격하려 하면 그 흐름을 타고 오른쪽으로 신법을 돌려 우측 고·주·제·붕법으로 역공한다. 왼손은 오른팔을 보조하여 돕는다.

3. 시선은 불변하고 신법은 왼쪽으로 돌려 가슴을 동쪽으로 향한다. 왼쪽 다리는 신법에 따라 왼쪽 발뒤꿈치를 축으로 왼쪽 발끝을 외측으로 돌려 경을 가라앉혀 마보를 만든다. 오른손은 순전하여 아래로 원을 그리며 팔꿈치를 가라앉히며 늑골부위로 당긴다. 손바닥은 동쪽을 향하며 중지는 오른쪽 전방 위로 비스듬히 치켜세운다. 왼손은 순전하여 배꼽 부위로 당기며 파형을 만든다.

작용: 좌채우랄붕법(左采右挒掤法)
상대가 고·주·제법의 공세를 무력화하고 왼손 제법으로 복부를 공격하면 왼손으로 상대의 왼쪽 손목을 배꼽 부위로 당기고 오른손은 동시에 상대방의 왼쪽 팔꿈치를 막아 랄법으로 이끌고 왼쪽 발끝을 바깥쪽으로 돌려 랄경에 힘을 더해 상대방의 왼쪽 팔꿈치 관절을 공격한다.

4. 시선은 불변하고 신법은 왼쪽으로 돌려 가슴을 동북쪽으로 향한다. 양쪽 다리는 경을 가라앉히고 보형은 불변한다. 왼손은 순전하여 장으로 변화시켜 호근으로 들어 올린다. 손바닥은 위를 향하고 중지는 오른쪽 전방 위로 비스듬히 치켜세운다. 오른손은 외측으로 돌려 원을 그리며 호저에서 동남쪽 호정으로 들어 올린다. 손바닥은 위로 향하고 중지는 동남쪽 위로 비스듬히 치켜세운다.

작용: 좌합우개열법(左合右開捌法)

상대가 좌채우랄붕법의 공세를 무력화하고 왼쪽 팔꿈치와 어깨 고법으로 상체를
공격하면 왼손의 동작을 더욱 견고하게 돌려 잡고 오른쪽 전완 부위와 배합하여
열법으로 공격한다.

5. 시선은 불변하고 신법은 오른쪽으로 돌려 가슴을 동남쪽으로 향한다. 오른쪽 다리
는 경을 가라앉히고 왼쪽 다리는 오른쪽 다리 내측을 향해 반보 당겨 좌후허보를
만든다. 양손은 동시에 내측으로 돌리며 팔꿈치를 가라앉혀 동남쪽 호첨으로 밀어
낸다. 손바닥은 모두 동남쪽을 향하고 중지는 위쪽을 향한다.

작용: 근보쌍안법(跟步雙按法)

상대가 열법을 무력화하고 다리가 앞으로 나오면 그 흐름을 타고 왼쪽 다리를 앞
으로 당겨 양손으로 상대방 상체를 밀어낸다.

요점

제1동작, 제2동작 보법은 허실 나눔이 분명해야 한다.

제3동작, 제4동작에서 양손의 거리는 반팔 너비를 유지해야 하고 회전할 때 항상 같은 간격을 유지한다.

제4동작의 왼손과 오른팔의 분력을 이용하여 열법과 나법의 공세를 하나로 완성한다.

제5동작의 오른발을 축으로 왼발을 근보로 당길 때 신체중정이 쏠리지 않도록 하여 전·후·좌·우·상·하의 붕경(掤勁)이 유지되도록 한다.

28. 단편(單鞭)

모두 5동작의 분해 동작이다.

1. 시선은 불변하고 신법은 오른쪽으로 돌려 가슴을 남쪽으로 향한다. 오른쪽 다리는 고관절의 경을 가라앉히고 보형은 불변한다. 오른손은 순전하여 내측 아래로 원을 그리며 호근으로 당기고 손바닥은 위로 향하고 중지는 앞쪽으로 비스듬히 치켜세운다. 왼손은 신법을 따라 순전하여 호첨으로 이동하고 손바닥은 위로 향하며 중지는 왼쪽 앞쪽으로 비스듬히 치켜세운다.

작용: 우채좌안붕법(右采左按掤法)
만약 상대가 전나 후에 제법 혹은 안법으로 공격하면 나는 순세로 손을 내측으로 모으며 상대의 힘을 무력화하고 채법으로 당기며 안법으로 공격한다.

2. 시선은 신법을 따라 동북쪽을 보고 신법은 왼쪽으로 돌려 가슴을 동북쪽으로 향한다. 오른쪽 다리는 발뒤꿈치를 축으로 발끝을 안쪽으로 당긴다. 왼쪽 다리는 고관절의 경을 가라앉히고 발끝을 축으로 발뒤꿈치를 안쪽으로 당긴다. 오른손은 아래로 원을 그리며 호첨으로 펼치며 구수(勾手)로 변화시키고 구(勾)의 끝은 아래로 향한다. 왼손은 역전하여 팔꿈치를 가라앉히고 신법을 따라 호근으로 당기고 손바닥은 남쪽을 향하며 중지는 오른쪽 전방 위쪽으로 비스듬히 치켜세운다.

작용: 우채좌붕열법(右采左掤捌法)

만약 상대가 나의 오른팔을 비틀어 잡으려 하면 왼손으로 상대방의 왼쪽 손목을 돌려 잡아 늑골 부위로 당기고 동시에 오른쪽 팔뚝 부위로 상대방의 왼쪽 팔꿈치 관절을 흔들어 튕겨낸다.

3. 시선은 불변하고 신법은 오른쪽으로 돌려 가슴을 동남쪽으로 향한다. 오른쪽 다리는 고관절의 경을 가라앉혀 견고하게 세운다. 왼쪽 다리는 북쪽으로 나아가 측마보를 만든다. 오른손 구수는 그대로 유지하고 왼손은 신법을 따라 손바닥을 서남쪽으로 향하며 중지는 위로 비스듬히 치켜세운다.

작용: 진좌퇴좌견고법(進左腿左肩靠法)

만약 상대가 나의 왼쪽 전방에서 양손 안법으로 공격하면 나는 왼쪽 다리가 나아가 왼쪽 어깨와 팔꿈치로 상대의 공격을 무력화하며 상대방의 몸통 부위를 공격한다.

4. 시선은 불변하고 신법은 왼쪽으로 돌려 가슴을 동북쪽으로 향한다. 왼쪽 다리는 마보를 지나며 경을 가라앉힌다. 오른쪽 다리는 고관절을 열며 발뒤꿈치를 축으

로 발끝을 안쪽으로 감고 측마보를 만든다. 왼손은 신법을 따라 역전하여 호첨으로 펼치고 손바닥은 좌측 전방 아래로 비스듬히 향하며 중지는 오른쪽 전방 위로 비스듬히 치켜세운다. 오른손은 역전하고 구수의 끝은 뒤쪽 아래로 비스듬히 향한다.

작용: 고주제법(靠肘擠法)
상대가 나의 고법을 무력화하면 그 흐름을 타고 신법을 왼쪽으로 돌려 왼쪽 어깨와 팔꿈치 그리고 손을 연환하여 몸통 부위를 공격한다.

5. 시선은 불변하고 신법은 오른쪽으로 돌려 가슴을 동쪽으로 향한다. 양쪽 다리는 신법을 따라 경을 가라앉히고 보형은 불변한다. 오른손 구수는 순전하여 구수의 끝은 아래를 향한다. 왼손은 순전하여 호첨으로 밀고 손바닥은 동북쪽을 향하고 중지는 위로 비스듬히 치켜세운다.

작용: 좌안법(左按法)
상대가 나의 왼쪽 공격을 무력화하면 그 흐름을 타고 오른쪽으로 신법을 돌려 왼손 안법으로 상대의 몸통 부위를 공격한다.

제4동작 시 몸통이 기울거나 팔꿈치가 들려 상대의 힘과 부딪치지 않도록 주의한다.

29. 상운수(上雲手)

모두 8개의 분해 동작이다.

1. 시선은 동북쪽을 보고 신법은 왼쪽으로 돌려 가슴을 동북쪽으로 향한다. 양쪽 다리는 고관절의 경을 가라앉히고 측마보를 유지한다. 왼손은 역전하여 바깥쪽 위로 원을 그리며 서북쪽 호정으로 펼치고 손바닥은 서북쪽을 향하고 중지는 왼쪽으로 비스듬히 치켜세운다. 오른손은 순전하여 장형으로 만들고 아래로 원을 그리며 호근으로 당기고 손바닥은 서북쪽을 향하고 중지는 앞쪽으로 비스듬히 치켜세운다.

작용: 좌수채붕법(左手采掤法)
상대가 나의 공격을 무력화하여 다시 밀어 공격하면 나는 신법을 왼쪽으로 돌려 왼쪽 팔꿈치 혹은 전완 부위로 횡으로 밀어 상대의 몸통과 가슴을 공격한다.

2. 시선은 불변하고 신법은 오른쪽으로 돌려 가슴을 동쪽으로 향한다. 오른쪽 다리는 고관절의 경을 가라앉히고 왼쪽 다리는 고관절을 열어 마보를 만든다. 왼손은 아래로 원을 그리고 배꼽 부위를 지나 호근으로 모으고 손바닥은 서남쪽을 향하며 중지는 오른쪽으로 비스듬히 치켜세운다. 오른손은 역전하여 바깥쪽 위로 원을 그리며 동남쪽 호정으로 펼치고 손바닥은 동남쪽을 향하고 중지는 위로 비스듬히 치켜세운다.

작용: 좌전신좌랄붕법(左轉身左捋掤法)

상대가 왼쪽 공세를 무력화하고 밀어 공격해 오면 나는 신법을 오른쪽으로 돌려 팔꿈치를 가라앉혀 무력화시킨다. 또는 상대가 허리 부위를 잡으려 하면 상대의 오른쪽 전완 혹은 팔꿈치 부위를 눌러 공격한다.

3. 시선은 불변하고 신법은 왼쪽으로 돌려 가슴을 동북쪽으로 향한다. 왼쪽 다리는 고관절의 경을 가라앉히고 오른쪽 다리는 왼발 뒤로 당겨 후허보를 만든다. 왼손은 역전하여 바깥쪽 위로 원을 그리며 동북쪽 호정으로 펼치고 손바닥은 동북쪽을 향하고 중지는 앞쪽으로 비스듬히 치켜세운다. 오른손은 역전하여 바깥쪽 아래로 원을 그리며 호근으로 모으고 손바닥은 서북쪽을 향하고 중지는 오른쪽으로 비스듬히 치켜세운다.

작용: 진보좌고주제법(進步左靠肘擠法)

상대가 팔꿈치를 가라앉혀 공격을 무력화하고 제법으로 공격하면 그 흐름을 타고 신법을 왼쪽으로 돌려 오른쪽 다리를 당기고 왼쪽 어깨 고법, 주법, 제법으로 상대의 몸통 부위를 연환하여 공격한다.

4. 시선은 불변하고 신법은 오른쪽으로 돌려 가슴을 동쪽으로 향한다. 오른쪽 다리는

고관절의 경을 가라앉히고 왼쪽 다리는 고관절을 열어 마보를 만든다. 왼손은 바깥쪽 아래로 원을 그리며 배꼽 부위를 지나 호근으로 모으고 손바닥은 서남쪽을 향하며 중지는 오른쪽으로 비스듬히 치켜세운다. 오른손은 역전하여 바깥쪽 위로 원을 그리고 동남쪽 호정으로 펼치고 손바닥은 동남쪽을 향하고 중지는 위로 비스듬히 치켜세운다.

작용: 좌전신좌랄붕법(左轉身左捋掤法)
상대가 왼쪽 공세를 무력화하고 밀어 공격하면 나는 신법을 오른쪽으로 돌려 팔꿈치를 가라앉혀 무력화시킨다. 또는 상대가 허리 부위를 잡으려 하면 상대의 오른쪽 전완 혹은 팔꿈치 부위를 눌러 공격한다.

5. 시선은 불변하고 신법은 왼쪽으로 돌려 가슴을 동북쪽으로 향한다. 왼쪽 다리는 고관절의 경을 가라앉히고 오른쪽 다리는 왼발 뒤로 당겨 후허보를 만든다. 왼손은 역전하여 바깥쪽 위로 원을 그리며 동북쪽 호정으로 펼치고 손바닥은 동북쪽을 향하고 중지는 앞쪽으로 비스듬히 치켜세운다. 오른손은 역전하여 바깥쪽 아래로 원을 그리며 호근으로 모으고 손바닥은 서북쪽을 향하고 중지는 오른쪽으로 비스듬히 치켜세운다.

작용: 진보좌고주제법(進步左靠肘擠法)
상대가 팔꿈치를 가라앉혀 공격을 무력화하고 제법으로 공격하면 그 흐름을 타고 신법을 왼쪽으로 돌려 오른쪽 다리를 당기고 왼쪽 어깨 고법, 주법, 제법으로 상대의 몸통 부위를 연환하여 공격한다.

6. 시선은 불변하고 신법은 오른쪽으로 돌려 가슴을 동쪽으로 향한다. 오른쪽 다리는 고관절의 경을 가라앉히고 왼쪽 다리는 고관절을 열어 마보를 만든다. 왼손은 바깥쪽 아래로 원을 그리며 배꼽 부위를 지나 호근으로 모으고 손바닥은 서남쪽을 향하며 중지는 오른쪽으로 비스듬히 치켜세운다. 오른손은 역전하여 바깥쪽 위로 원을 그리고 동남쪽 호정으로 펼치고 손바닥은 동남쪽을 향하고 중지는 위로 비스듬히 치켜세운다.

작용: 좌전신좌랄붕법(左轉身左捋掤法)
상대가 왼쪽 공세를 무력화하고 밀어 공격하면 나는 신법을 오른쪽으로 돌려 팔꿈치를 가라앉혀 무력화시킨다. 또는 상대가 허리 부위를 잡으려 하면 상대의 오른쪽 전완 혹은 팔꿈치 부위를 눌러 공격한다.

7. 시선은 불변하고 신법은 왼쪽으로 돌려 가슴을 동북쪽으로 향한다. 왼쪽 다리는 고관절의 경을 가라앉히고 오른쪽 다리는 왼발 뒤로 당겨 후허보를 만든다. 왼손은 역전하여 바깥쪽 위로 원을 그리며 동북쪽 호정으로 펼치고 손바닥은 동북쪽을 향하고 중지는 앞쪽으로 비스듬히 치켜세운다. 오른손은 역전하여 바깥쪽 아래로 원을 그리며 호근으로 모으고 손바닥은 서북쪽을 향하고 중지는 오른쪽으로 비스듬히 치켜세운다.

작용: 진보좌고주제법(進步左靠肘擠法)

상대가 팔꿈치를 가라앉혀 공격을 무력화하고 제법으로 공격하면 그 흐름을 타고 신법을 왼쪽으로 돌려 오른쪽 다리를 당기고 왼쪽 어깨 고법, 주법, 제법으로 상대의 몸통 부위를 연환하여 공격한다.

8. 시선은 불변하고 신법은 오른쪽으로 돌려 가슴을 동쪽으로 향한다. 오른쪽 다리는 발뒤꿈치를 내리고 왼쪽 다리는 왼발 뒤꿈치를 들어 전허보를 만든다. 왼손은 순전하여 아래 원을 그리며 호근으로 모으고 손바닥은 동남쪽을 향하고 중지는 위로 비스듬히 치켜세운다. 오른손은 역전하여 위로 원을 그리며 동남쪽 호정으로 펼치고 손바닥은 동남쪽을 향하고 중지는 위로 비스듬히 치켜세운다.

작용: 우전신좌랄붕법(右轉身左捋掤法)

상대가 나의 왼쪽에서 안법으로 누르면 나는 신법을 오른쪽으로 돌리고 왼쪽 팔꿈치를 가라앉혀 상대의 공격을 무력화시킨다.

30. 고탐마(高探馬)

모두 5개 분해 동작이다.

1. 시선은 서북쪽을 보고 신법은 왼쪽으로 돌려 가슴을 북쪽으로 향한다. 왼쪽 다리
는 신법을 따라 발을 서북쪽으로 옮기고 오른쪽 다리는 고관절의 경을 가라앉혀
마보를 만든다. 왼손은 순전하여 손바닥은 동북쪽을 향하고 중지는 왼쪽으로 비스
듬히 치켜세운다. 오른손은 순전하여 아래로 원을 그리며 호근에서 서로 교차하여
비스듬한 열십자 형태로 합쳐지고 손바닥은 서남쪽을 향하고 중지는 위쪽으로 치
켜세운다.

작용: 쌍수포전열법(雙手抱纏挒法)
상대가 나의 왼손 랄붕법을 무력화하고 왼손으로 나의 왼쪽 손목을 돌려 잡으면
그 흐름을 타고 신법을 왼쪽으로 돌려 왼손을 치켜세워 상대의 왼쪽 손목을 반나
법으로 잡고 왼쪽 다리를 왼쪽으로 옮겨 왼손의 반나법에 힘을 가하고 오른손은
상대의 왼쪽 손목에 합쳐 쌍수포전열나법으로 공격한다.

2. 시선은 동북쪽을 보고 신법은 오른쪽으로 돌려 가슴을 동북쪽으로 향한다. 왼쪽
다리는 고관절의 경을 가라앉혀 열고 오른쪽 다리는 동남쪽 퇴보로 당겨 발뒤꿈치
를 내려 마보를 만든다. 오른손은 역전하여 아래로 원을 그리며 동남쪽 호정으로
펼치고 손바닥은 동남쪽을 향하고 중지는 왼쪽으로 비스듬히 치켜세운다. 왼손은
동북쪽으로 원을 그리며 무릎 앞쪽으로 내리고 손바닥은 아래로 향하고 중지는 오
른쪽으로 비스듬히 치켜세운다.

작용: 퇴보좌채우주제법(退步左采右肘擠法)

상대가 팔꿈치를 가라앉혀 제법으로 나의 포전열법을 무력화하면 나는 오른쪽 다리를 뒤로 당겨 왼손으로 상대방의 손목을 잡아당기고 오른쪽 손 또는 팔꿈치로 펼쳐내며 상대방의 얼굴 부위를 공격한다.

3. 시선은 불변하고 신법은 계속 오른쪽으로 돌려 가슴을 동쪽으로 향한다. 오른쪽 다리는 고관절의 경을 가라앉히고 내측으로 접어 보형은 불변한다. 왼손은 순전하여 아래로 원을 그리며 동북쪽 호첨으로 펼치고 손바닥은 위로 향하고 중지는 앞쪽으로 치켜세운다. 오른손은 순전하여 서남쪽 호정으로 들어 올려 손바닥은 위쪽을 향하고 중지는 서남쪽으로 비스듬히 치켜세운다.

작용: 좌수탁제법(左手托擠法)

상대가 나의 좌채·우주제법을 무력화시키면 나는 왼손을 치켜들어 상대의 목 부위를 제법으로 공격한다.

4. 시선은 불변하고 신법은 오른쪽 고관절을 내측으로 접어 가슴을 불변한다. 양쪽 다리에 보법도 불변한다. 왼손은 역전하여 팔꿈치를 굽히고 가슴 앞으로 당겨 손바닥은 아래쪽으로 향하고 중지는 오른쪽으로 비스듬히 치켜세운다. 오른손은 역

전하여 오른뺨 부위로 당겨 손바닥은 동북쪽을 향하고 중지는 왼쪽으로 비스듬히 치켜세운다.

작용: 좌랄붕법(左捋掤法)
상대가 나의 왼쪽 탁제법을 무력화하고 밀어 공격하면 그 흐름을 타고 위로 치켜 들어 공격을 무력화시키고 동시에 힘을 모으는 축력 동작을 취한다.

5. 시선은 불변하고 신법은 왼쪽으로 돌려 가슴을 동북쪽으로 향한다. 왼쪽 다리는 고관절의 경을 가라앉히고 오른쪽 다리는 고관절 내측을 열며 보형은 불변한다. 왼손은 순전하여 배꼽 부위로 모으고 파형을 만들고 파심은 아래를 향한다. 오른 손은 팔꿈치를 가라앉히며 순전하여 동북쪽으로 전완을 격출하고 손바닥은 서북 쪽을 향하며 중지는 위로 비스듬히 치켜세운다.

작용: 좌채우열타법(左采右挒打法)
상대가 랄법을 무력화하고 밀어 공격해 오면 나는 왼손으로 상대의 왼쪽 손목을 돌려 잡아당기고 오른손 전완 외측으로 상대의 왼쪽 팔꿈치 관절을 공격한다.

주: 오른팔은 오른쪽 어깨를 근간으로 V 형태의 원형으로 치켜세운다.

31. 우삽각(右揷脚)

모두 5개의 분해 동작이다.

1. 시선은 동북쪽을 보고 신법은 왼쪽으로 돌려 가슴을 북쪽으로 향한다. 왼쪽 다리
는 고관절의 경을 가라앉혀 내측으로 접고 보형은 불변한다. 왼쪽 파형은 배꼽 부
위에서 순전하여 자전시킨다. 오른손은 순전하여 안쪽 아래로 원을 그리며 호근으
로 모으고 손바닥은 서쪽을 향하고 중지는 위로 비스듬히 치켜세운다.

작용: 좌수채법우주랄법(左手采法右肘捋法)
상대가 팔꿈치를 가라앉혀 제법으로 공격을 무력화하면 그 흐름을 타고 신법을 왼
쪽으로 돌려 왼손 채법에 힘을 가하고 오른쪽 전완 부위로 랄법으로 당긴다.

2. 시선은 동쪽을 보고 신법은 오른쪽으로 돌려 가슴을 동쪽으로 향한다. 양쪽 다리
는 신법을 따라 마보를 거쳐 측마보를 만든다. 오른손은 역전하여 바깥쪽 위로 원
을 그리며 동쪽 호첨으로 펼치고 손바닥은 아래쪽을 향하고 중지는 왼쪽으로 비스
듬히 치켜세운다. 왼쪽 파형은 역전하여 장형으로 만들고 손바닥은 오른쪽 전완
내측에 붙여 오른손을 따라 수평으로 펼친다.

작용: 우제법좌조공(右擠法左助攻)

상대가 왼쪽 팔꿈치를 가라앉혀 고법으로 나의 가슴을 공격해 오면 신법을 오른쪽으로 돌려 오른팔로 상대방의 왼팔을 제법으로 밀고 왼손은 오른팔을 보조하여 공격한다.

3. 시선은 불변하고 신법은 왼쪽으로 돌려 가슴을 동북쪽으로 향한다. 오른쪽 다리는 경을 가라앉혀 고관절을 내측으로 접고 견고하게 세운다. 왼쪽 다리는 당겨 마보를 만든다. 왼손은 순전하여 배꼽 부위로 당기고 파형을 만든다. 오른손은 순전하여 아래로 원을 그리며 동북쪽 호저로 당기고 손바닥은 북쪽을 향하며 중지는 위로 비스듬히 치켜세운다.

작용: 퇴보좌채우랄법(退步左采右捋法)

상대가 팔꿈치의 경을 가라앉혀 공격을 무력화하면 왼손으로 상대의 왼쪽 손목을 돌려 잡고 배꼽 부위로 당기고 오른쪽 전완 부위로 상대의 왼쪽 팔꿈치 관절을 누르고 랄법으로 공격한다. 왼쪽 다리는 당겨 손과 협조하여 공격을 돕는다.

4. 시선은 서북쪽을 보고 신법은 왼쪽으로 돌려 가슴을 서쪽으로 향한다. 왼쪽 다리는 발뒤꿈치를 축으로 발끝을 바깥쪽으로 돌리고 오른쪽 다리는 발끝을 축으로 발뒤꿈치를 외측으로 돌리고 헐보를 만든다. 왼쪽 파형은 역전하여 장형으로 만들어 아래로 원을 그리며 호근으로 모으고 손바닥은 동북쪽을 향하고 중지는 위로 비스듬히 치켜세운다. 오른손은 순전하여 안쪽 아래로 원을 그리며 왼쪽 손목 아래로 모으고 손바닥은 서남쪽을 향하고 중지는 위로 비스듬히 치켜세운다. 양손은 호근에서 비스듬한 십자 형태로 합친다.

작용: 좌채우랄열법(左采右挒法)

상대가 팔꿈치를 가라앉혀 제법으로 공격을 무력화하면 신법을 왼쪽으로 돌리고 상대가 밀고 들어오는 힘을 빌어 왼손의 채법과 오른쪽 전완 부위로 랄열법 공격을 한다.

5. 시선, 신법, 가슴의 방향은 불변한다. 왼쪽 다리는 고관절의 경을 가라앉혀 견고하게 세우고 오른쪽 다리는 서북쪽 오른손을 찬다. 왼손은 역전하여 바깥쪽 위로 원을 그리며 동쪽 호첨으로 펼치고 손바닥은 아래쪽을 향하며 중지는 위로 비스듬히 치켜세운다. 오른손은 역전하여 바깥쪽 위로 원을 그리며 서북쪽 호첨으로 펼치고 손바닥은 아래쪽을 향하며 발을 찰 때 손바닥과 부딪쳐 소리를 낸다.

작용: 우퇴슬타각척법(右腿膝打脚踢法)

상대가 팔꿈치를 가라앉혀 왼손을 당겨 막으면 그 흐름을 타고 오른쪽 무릎으로 상대의 당부를 공격한다. 상대가 멀리 있으면 발로 당부를 공격한다.

32. 좌삽각(左揷脚)

모두 3개의 분해 동작이다.

1. 시선은 북쪽을 보고 신법은 오른쪽으로 돌려 가슴을 북쪽으로 향한다. 오른쪽 다리는 북쪽으로 나아가 발을 지면에 놓을 때 왼쪽 다리를 당겨 마보를 만든다. 양손은 모두 순전하여 팔꿈치를 가라앉혀 북쪽 호첨으로 역전하여 양손을 밀고 손바닥은 북쪽을 향하며 양손의 중지는 모두 위로 비스듬히 치켜세운다.

작용: 진보쌍안법(進步雙按法)
상대가 뒤로 빠지며 내 오른쪽 퇴법의 공격을 무력화하면 그 흐름을 타고 오른쪽 다리와 왼쪽 다리가 나아가 양손으로 상대의 가슴을 공격한다.

2. 시선은 불변하고 신법은 오른쪽으로 돌려 가슴을 동북쪽으로 향한다. 오른쪽 다리는 발뒤꿈치를 축으로 발끝을 바깥쪽으로 돌리고 왼쪽 다리는 발끝을 축으로 발뒤꿈치를 바깥쪽으로 돌려 헐보를 만든다. 양손은 순전하여 호근으로 당겨 비스듬히 십자 형태로 만들고 오른손 손바닥은 서북쪽을향하고 왼손 손바닥은 동남쪽을 향하며 중지는 모두 위로 비스듬히 치켜세운다.

작용: 쌍수채열법(雙手采捌法)

상대가 가슴을 웅크리며 공격을 무력화하면 상대의 오른쪽 손목을 돌려 잡고 안쪽으로 당기며 채법과 열법으로 공격한다.

3. 시선과 신법 그리고 가슴은 불변한다. 오른쪽 다리는 고관절의 경을 가라앉혀 견고하게 세우고 왼쪽 다리는 북쪽 왼손을 찬다. 양손은 역전시키고 왼손은 북쪽 호첨으로 오른손은 동남쪽 호첨으로 펼치고 손바닥은 모두 아래로 향하고 양손의 중지는 위로 비스듬히 치켜세운다.

작용: 좌퇴슬타각척법(左腿膝打脚踢法)

상대가 나의 공격을 무력화하면 그 흐름을 타고 오른쪽 무릎으로 상대의 당부를 공격한다. 상대가 멀리 있으면 발로 당부를 공격한다.

33. 좌전신등각(左轉身蹬脚)

모두 3개의 분해 동작이다.

1. 시선은 남쪽을 보고 신법은 왼쪽으로 돌려 가슴을 서쪽으로 향한다. 왼쪽 다리는 남쪽으로 옮겨 발끝을 축으로 발뒤꿈치를 내려 마보를 만든다. 왼손은 역전하여 바깥쪽 아래로 원을 그리며 남쪽 호저로 누르고 손바닥은 아래를 향한다. 오른손은 역전하여 북쪽 호저로 누르고 손바닥은 아래를 향한다. 양손의 중지는 모두 서쪽으로 비스듬히 치켜세운다.

작용: 퇴보주붕법(腿步肘掤法)

상대가 공격을 무력화하고 밀어 공격하면 그 흐름을 타고 신법을 왼쪽으로 돌려 왼쪽 다리를 뒤로 빼고 몸을 왼쪽으로 돌리는 힘을 이용하여 오른쪽 팔뚝 부위로 상대방의 왼팔을 밀어낸다.

2. 시선, 신법, 가슴의 방향은 불변한다. 오른쪽 다리는 고관절의 경을 가라앉혀 견고하게 세우고 왼쪽 다리의 고관절을 내측으로 접고 독립보를 만든다. 양손은 권형으로 만들어 호근으로 들어올리고 권심은 모두 아래를 향한다.

작용: 좌퇴괘면붕법(左腿挂面掤法)

만약 상대가 나의 공격을 무력화하고 다시 오른쪽 무릎을 들어 등퇴로 나의 왼쪽 정강이 혹은 무릎 관절을 공격하면 왼쪽 무릎을 들어 발등으로 상대의 오른쪽 발바닥에 붙이고 오른쪽 다리의 등각 공격을 무력화한다.

3. 시선, 신법, 가슴의 방향은 불변한다. 오른쪽 다리는 견고히 세우고 왼쪽 다리는 발바닥 외측에 역점을 두고 남쪽으로 찬다. 양쪽의 권은 순전하여 바깥쪽 위로 원을 그리며 왼쪽 권은 남쪽 호저로 왼쪽 무릎 위에 튕겨내듯 치고 오른쪽 권은 북쪽 호정으로 튕겨내듯 친다. 양쪽 권심은 위쪽을 향한다.

작용: 좌퇴등각법(左腿蹬脚法)

상대의 등각 공격을 무력화하고 즉시 왼쪽 다리 등각법으로 상대의 지탱하고 있는 왼쪽 다리 무릎 관절을 공격한다.

34. 전당요보(前蹚拗步)

이 동작은 모두 6개의 분해 동작이다.

1. 시선은 남쪽을 보고 신법과 가슴의 방향은 불변한다. 오른쪽 다리는 고관절 내측의 경을 가라앉혀 견고하게 세우고 왼쪽 다리는 무릎을 회수하여 독립보를 유지한다. 왼손은 순전하여 장형으로 만들고 아래로 원을 그리며 남쪽 호근으로 당기고 손바닥은 서북쪽을 향하고 중지는 왼쪽으로 비스듬히 치켜세운다. 오른손은 역전하여 장형으로 만들고 바깥쪽 위로 원을 그리며 서북쪽 호정으로 펼치고 손바닥은 서북쪽을 향하고 중지는 위로 비스듬히 치켜세운다.

진식실용태극권법 1로

작용: 좌수붕법(左手掤法)

상대가 빠르게 움직여 공격을 무력화하고 오른쪽 다리가 나아가고 오른손으로 나의 오른쪽 손목을 돌려 잡으면 나는 즉시 왼쪽 무릎을 들어 방어하고 오른손을 역전하여 공격을 무력화시키고 왼손은 상대의 팔꿈치를 막아 붕법으로 공격한다.

2. 시선과 신법과 가슴은 불변한다. 왼쪽 다리는 내려 마보를 만든다. 왼손은 움직이지 않고 오른손은 순전하여 손바닥을 치켜세워 위로 들어올리는 형태를 만든다. 이 동작은 이어지는 과도동작이다.

작용: 지나가는 동작이므로 설명 생략

3. 시선은 불변하고 신법은 왼쪽으로 돌려 가슴을 동남쪽으로 향한다. 왼쪽 다리는 발뒤꿈치를 축으로 발끝을 바깥쪽으로 돌리고 오른발은 발끝을 축으로 하여 뒤꿈치를 들어 바깥쪽으로 돌리고 헐보를 만든다. 왼손은 팔꿈치를 가라앉히고 역전하여 원위치에서 자전으로 뒤집는다. 오른손은 역전하여 오른뺨 부위로 손을 당기고 손바닥은 남쪽을 향하고 중지는 왼쪽으로 비스듬히 치켜세운다.

작용: 좌채우굉법(左采右肱法)

상대가 잡힌 왼손을 계속 밀고 들어오면 그 흐름을 타고 왼쪽으로 돌려 잡아 역채법으로 변환하고 오른손은 상대방의 팔꿈치 부위로 붙여 막아 누른다.

4. 시선은 불변하고 신법은 계속 왼쪽으로 돌려 가슴을 동쪽으로 향한다. 왼쪽 다리는 고관절의 경을 가라앉히고 오른쪽 다리는 남쪽으로 나아가 측마보를 지나 마보를 만든다. 왼손은 순전하여 배꼽 부위로 당겨 파형을 만들고 파심은 아래를 향한다. 오른손은 손바닥을 아래로 향하고 남쪽 호첨으로 수평이 되게 펼치고 중지는 오른쪽으로 비스듬히 치켜세운다.

작용: 진보좌채우평열법(進步左采右平挒法)

상대가 왼손으로 나의 왼쪽 손목을 돌려 잡으면 역으로 상대를 돌려 잡아 배꼽 부위로 당기고 오른손은 오른쪽 다리를 따라 오른쪽 전완 부위로 상대의 왼쪽 팔꿈치 관절을 막아 누르고 몸통이 앞으로 나아가는것과 왼쪽으로 돌리는 힘을 빌어 상대의 왼쪽 팔꿈치 관절을 차단하여 끊어 치는 공력을 발휘한다.

5. 시선은 불변하고 신법은 계속 돌려 가슴을 동쪽으로 향한다. 양쪽 다리는 고관절의 경을 가라앉히고 왼쪽 고관절을 내측으로 접고 보형은 불변한다. 왼쪽 파형은 역전하여 장형으로 만들고 동북쪽 호정으로 밀고 손바닥은 동북쪽으로 향하고 중지는 위로 비스듬히 치켜세운다. 오른손은 순전하여 남쪽 호첨으로 밀고 손바닥은 남쪽을 향하고 중지는 위로 비스듬히 치켜세운다.

작용: 우안붕법(右按挪法)

상대가 팔꿈치를 가라앉혀 공격을 무력화하면 그 흐름을 타고 신법을 왼쪽으로 돌려 상대의 왼쪽 팔꿈치 부위를 막아 누르고 상대방의 제법을 무력화한다. 왼손은 경을 가라앉혀 상대방의 팔을 비틀어 잡아 협조한다.

6. 시선은 서남쪽을 보고 신법은 오른쪽으로 돌려 가슴을 서남쪽으로 향한다. 오른쪽 다리는 발뒤꿈치를 축으로 발끝을 바깥쪽으로 돌린다. 왼쪽 다리는 동남쪽으로 나아가 측마보를 만든다. 왼손은 순전하여 바깥쪽 아래로 원을 그리며 왼쪽 뺨 부위를 지나 서남쪽 호첨으로 격장으로 치고 손바닥은 서북쪽을 향하고 중지는 위로 비스듬히 치켜세운다. 오른손은 순전하여 안쪽 위로 원을 그리고 배꼽 부위를 지나 서북쪽 호저로 펼치고 손바닥은 아래를 향하고 중지는 앞쪽으로 비스듬히 치켜세운다.

작용: 진보우채좌주붕법(進步右采左肘挪法)

상대가 오른손의 공격을 무력화하면 그 흐름을 타고 신법을 오른쪽으로 돌려 오른손으로 상대의 오른쪽 손목을 이끌어 배꼽 부위로 당기고 왼쪽 다리가 나아가 왼쪽 전완 부위로 상대의 오른쪽 팔꿈치 관절을 막아 누른다.

35. 격지추(擊地捶)

모두 2개의 분해 동작이다.

1. 시선은 서남쪽을 보고 신법은 오른쪽으로 돌려 가슴을 서쪽으로 향한다. 양쪽 다리는 신법을 따라 오른쪽 고관절의 경을 가라앉혀 내측으로 접고 보형은 불변한다. 왼손은 순전하여 서남쪽 호첨으로 들어 올리고 손바닥은 위쪽을 향하고 중지는 앞쪽으로 비스듬히 치켜세운다. 오른손은 순전하여 서북쪽으로 손을 위로 치켜 들어 손바닥은 동남쪽을 향하고 중지는 앞쪽으로 비스듬히 치켜세운다.

작용: 좌수제붕법(左手擠掤法)
상대가 나의 왼쪽 전방에서 팔꿈치를 가라앉혀 공격을 무력화하여 왼손 제법을 사용하여 공격하면 그 흐름을 타고 상대의 왼쪽 손목 내측을 제법으로 밀고 무력화시킨다.

2. 시선은 불변하고 신법은 왼쪽으로 돌려 가슴을 남쪽으로 향한다. 왼쪽 다리는 경을 가라앉히고 마보를 지나 측마보를 만든다. 왼손은 역전하여 바깥쪽 아래로 원을 그리며 동남쪽 호정으로 펼치고 손바닥은 남쪽을 향하고 중지는 오른쪽으로 비스듬히 치켜세운다. 오른손은 순전하여 주먹을 쥐고 가슴 부위로 당겨 서남쪽 호저로 치고 권심은 아래를 향한다.

작용: 좌상채우충제법(左上采右沖擠法)

상대가 팔꿈치를 가라앉혀 공격을 무력화하면 그 흐름을 타고 상대방의 왼팔을 채붕법으로 들어 올리고 오른쪽 권으로 상대의 당부 혹은 아랫배 부위를 충권으로 공격한다.

36. 이기각(二起脚)

모두 4개의 분해 동작이다.

1. 시선은 서북쪽을 보고 신법은 왼쪽으로 돌려 가슴을 동남쪽으로 향한다. 양쪽 다리는 왼쪽 고관절을 내측으로 접고 보형은 불변한다. 왼손은 움직이지 않고 오른쪽 권은 신법을 따라 순전하여 원위치에서 뒤집고 권심은 위쪽을 향한다.

작용: 우견배활질붕법(右肩背滑跌掤法)

상대가 나의 오른쪽 후방에서 오른쪽 어깨와 등 부위를 덮치듯이 양손으로 밀어 공격하면 나는 우측 어깨의 힘을 빼고 팔꿈치를 가라앉혀 상대의 공격을 무력화시킨다.

2. 시선은 동북쪽을 보고 신법은 오른쪽으로 돌려 가슴을 서쪽으로 향한다. 왼쪽 다리는 움직이지 않고 오른쪽 다리는 고관절의 경을 가라앉혀 내측으로 접고 마보를 만든다. 왼손은 순전하여 서남쪽 호첨으로 발출하고 손바닥은 위쪽을 향하고 중지는 앞쪽으로 비스듬히 치켜세운다. 오른쪽 권은 역전하여 늑골 부위에서 팔꿈치 끝을 동북쪽으로 치고 권심을 아래로 향한다.

작용: 우주당격법(右肘撞擊法)
나는 상대방의 공격을 무력화하고 오른쪽 팔꿈치로 상대방의 늑골 혹은 복부를 공격한다. 왼손 힘의 작용을 돕는다.

3. 시선은 불변하고 신법은 계속 오른쪽으로 돌려 가슴을 동북쪽으로 향한다. 오른쪽 다리는 발끝을 지면에 붙이고 동쪽으로 원을 그리며 끌어당긴다. 왼쪽 다리는 뒤꿈치를 축으로 발끝을 안쪽으로 감아 당겨 마보를 만든다. 왼손은 순전하여 왼쪽 뺨 부위를 지나 호정으로 펼치고 손바닥은 동쪽을 향하고 중지는 위로 비스듬히 치켜세운다. 오른쪽 권은 순전하여 바깥쪽 위로 원을 그리며 오른쪽 고관절 외측으로 펼치고 권심은 비스듬히 서북쪽을 향한다.

작용: 우퇴소법우권붕제좌수박장안법(右退掃法右拳掤擠左手拍掌按法)
상대가 몸을 움츠려 팔꿈치 공격을 무력화하면 그 흐름을 타고 오른쪽 다리를 소

법으로 당겨 상대방의 한쪽 다리를 공격한다. 오른손은 상대방의 오른팔을 막아 누르고 왼손은 상대방의 얼굴을 치며 밀어내는 공격을 한다.

4. 시선은 불변하고 신법은 왼쪽으로 돌려 가슴을 북쪽으로 향한다. 왼쪽 다리는 무릎을 높게 들어 올린다. 오른쪽 다리는 동북쪽 위로 발을 차올려 발등으로 오른손 손바닥을 차고 자연스럽게 내려 마보를 만든다. 왼손은 역전하여 호근으로 모아 파형을 만들고 다시 역전하여 장형으로 만들고 위로 원을 그리며 서남쪽 호첨으로 펼치고 손바닥은 아래쪽을 향하고 중지는 위로 비스듬히 치켜세운다. 오른손은 장형으로 만들고 원을 그리며 동북쪽 호첨으로 펼치고 손바닥은 아래쪽을 향하고 발을 찰 때 발등을 쳐서 소리를 낸다. 양손은 양쪽 다리를 내릴 때 역전하여 안쪽 아래로 내려 호저로 모으고 양손 손바닥은 모두 아래쪽을 향하고 중지는 앞쪽으로 비스듬히 치켜세운다.

작용: 좌슬퇴우척법(左膝退右踢法)

상대가 왼손 공격을 무력화하면 그 흐름을 타고 왼손으로 상대의 손목 부위를 돌려 잡아당기고 왼쪽 무릎으로 상대의 당부를 쳐올린다. 상대가 복부를 당기고 나의 왼쪽 무릎 공격을 무력화하면 나는 즉시 오른쪽 다리를 튕기듯이 차올려 오른쪽 발등을 사용하여 재차 상대의 당부를 공격하고 양손은 양쪽으로 펼쳐 수평으로 배합한 후 양쪽 발을 지면에 내릴 때 당겨 방어한다.

37. 호심권(護心拳)

모두 8개의 분해 동작이다.

1. 시선은 동북쪽을 보고 신법은 왼쪽으로 돌려 가슴을 서북쪽으로 향한다. 위쪽 다리는 고관절의 경을 가라앉혀 내측으로 접고 보형은 불변한다. 왼손은 역전하여 아래로 원을 그리며 서남쪽 호첨으로 펼치고 손바닥은 서북쪽을 향하고 중지는 위로 비스듬히 치켜세운다. 오른손은 순전하여 배꼽 부위를 지나 호근으로 모으고 손바닥은 동남쪽을 향하고 중지는 위로 비스듬히 치켜세운다.

작용: 우랄붕법(右捋掤法)
상대가 나의 오른쪽 전방에서 밀어 공격해 오면 그 흐름을 타고 신법을 왼쪽으로 돌리고 오른손의 랄붕법으로 상대방의 안법을 무력화한다.

2. 시선은 불변하고 신법은 오른쪽으로 돌려 가슴을 동북쪽으로 향한다. 오른쪽 다리는 고관절의 경을 가라앉히고 왼쪽 다리는 발끝을 지면에 끌며 서남쪽으로 옮겨 측마보를 만든다. 왼손은 순전하여 안쪽 위로 원을 그리며 호근으로 모으고 손바닥은 동북쪽을 향하고 중지는 위로 비스듬히 치켜세운다. 오른손은 역전하여 바깥쪽 위로 원을 그리며 호정으로 펼치고 손바닥은 동북쪽을 향하고 중지는 위로 비스듬히 치켜세운다.

나의 랄붕법을 상대가 무력화하고 왼손을 회수하여 방어하면 그 흐름을 타고 왼쪽 다리를 뒤로 빼고 오른쪽 제법으로 상대의 가슴 혹은 얼굴을 공격한다.

3. 시선은 불변하고 신법은 왼쪽으로 돌려 가슴을 북쪽으로 향한다. 왼쪽 다리는 고관절의 경을 가라앉히고 오른쪽 다리는 발바닥이 지면을 끌며 서남쪽으로 당겨 전허보를 만든다. 왼손은 역전하여 안쪽 아래로 원을 그리며 배꼽 부위로 당기고 손바닥은 동남쪽을 향하고 중지는 앞쪽으로 비스듬히 치켜세운다. 오른손은 순전하여 바깥쪽 위로 원을 그리며 호저로 당기고 손바닥은 서남쪽을 향하고 중지는 앞쪽으로 비스듬히 치켜세운다.

작용: 퇴보우붕법(退步右掤法)
상대가 나의 제법을 무력화하고 나의 오른팔을 밀어 누르고 공격하면 그 흐름을 타고 오른쪽 다리를 뒤로 당기고 오른손을 합하여 상대의 안법을 무력화한다.

4. 시선은 불변하고 신법은 계속 왼쪽으로 돌려 가슴을 서북쪽으로 향한다. 왼쪽 다리는 왼쪽 고관절의 경을 가라앉히고 오른쪽 다리는 동북쪽으로 나아가 측마보를 지나 마보를 만든다. 왼손은 역전하여 서남쪽 호정으로 펼치고 손바닥은 서쪽을 향하고 중지는 위로 비스듬히 치켜세운다. 오른손은 순전하여 호근으로 당기고 손바닥은 서남쪽을 향하고 중지는 앞쪽으로 비스듬히 치켜세운다.

작용: 진보우견고붕법(進步右肩靠掤法)

나는 퇴보 붕법으로 안법을 무력화하며 오른쪽 다리가 나아가 오른쪽 팔꿈치와 어깨로 상대의 가슴과 복부를 공격한다.

5. 시선은 불변하고 신법은 오른쪽으로 돌려 가슴을 북쪽으로 향한다. 양쪽 다리는 오른쪽 고관절 내측의 경을 가라앉히고 보형은 불변한다. 왼손은 권으로 쥐고 순전하여 서북쪽 호첨으로 당기고 권심은 위쪽을 향한다. 오른손은 권으로 쥐고 역전하여 바깥쪽 아래로 원을 그리며 동쪽 호저로 펼치고 권심은 아래쪽을 향한다.

작용: 우측견고주제법(右側肩靠肘擠法)

상대가 진보 고법을 무력화하면 그 흐름을 타고 신법을 오른쪽으로 돌려 오른쪽 어깨 팔꿈치·제법으로 상대의 가슴 또는 복부를 연환하여 공격한다.

6. 시선은 동북쪽을 보고 신법은 계속 오른쪽으로 돌려 가슴을 동북쪽으로 향한다. 오른쪽 다리는 고관절 내측으로 경을 강화하고 보형은 불변한다. 왼쪽 권은 순전하여 서북쪽 호정으로 펼치고 오른쪽 권은 순전하여 동남쪽 호정으로 펼치며 양쪽 권심은 위쪽을 향한다.

작용: 우전신섬나붕법(右轉身閃挪掤法)

상대가 나의 고주제법을 무력화하고 제안법으로 나의 중심을 흔들면 그 흐름을 타고 신법을 오른쪽으로 크게 돌리고 오른팔을 위로 치켜세워 상대의 제안법을 무력화한다.

7. 시선과 신법은 불변한다. 오른쪽 다리는 고관절을 내측으로 접고 보형은 불변한다. 왼쪽 권은 역전하여 당기고 권심은 아래를 향한다. 오른쪽 권은 순전하여 안쪽 위로 원을 그리며 오른뺨 부위로 권을 감아 당기고 권심은 서북쪽을 향한다.

작용: 좌채우수붕법(左采右手掤法)
상대가 섬나붕법을 무력화하고 왼손으로 나의 왼쪽 손목을 감아 잡으면 그 흐름을 타고 안쪽으로 감아 자전시켜 상대의 왼손을 역으로 돌려 잡는다. 오른손은 상대의 팔꿈치 뒤에 붙여 공격을 준비한다.

8. 시선은 불변하고 신법은 왼쪽으로 돌려 가슴을 서북쪽으로 향한다. 오른쪽 다리는 고관절 내측에 경을 펼치고 보형은 불변한다. 왼손은 순전하여 배꼽 부위로 모으고 권심은 안쪽을 향한다. 오른쪽 권은 순전하여 서북쪽 호첨으로 굴려 누르고 권심은 안쪽을 향한다.

작용: 좌수인우주열법(左手引右肘挒法)

상대가 나의 공격을 무력화하고 밀어 공격하면 그 흐름을 타고 신법을 왼쪽으로 돌려 왼손으로 상대의 왼손을 배꼽 부위로 당기고 오른쪽 전완 부위로 상대방의 팔꿈치 관절을 막아 누르고 지렛대의 힘을 빌어 팔꿈치 관절을 굴려 밀어 공격한다.

38. 선풍각(旋風脚)

모두 4개의 분해 동작이다.

1. 시선은 동북쪽을 보고 신법은 오른쪽으로 돌려 가슴을 동북쪽으로 향한다. 오른쪽 다리의 경을 가라앉혀 고관절을 내측으로 접고 보형은 불변한다. 양쪽 권은 역전시켜 장형으로 만든다. 오른손은 바깥쪽 위로 원을 그리며 동북쪽 호첨으로 수평으로

펼치고 손바닥은 아래를 향하고 중지는 왼쪽으로 비스듬히 치켜세운다. 왼손은 동시에 손바닥을 오른쪽 전완 내측에 붙이고 오른손과 동시에 동북쪽으로 펼친다.

작용: 우제주법(右擠肘法)
상대가 왼쪽 팔꿈치를 가라앉혀 열법을 무력화하면 그 흐름을 타고 왼쪽 전완과 팔꿈치로 상대의 가슴 부위를 공격한다.

2. 시선은 불변하고 신법은 왼쪽으로 돌려 가슴을 북쪽으로 향한다. 왼쪽 다리는 고관절의 경을 가라앉히고 오른쪽 다리는 발바닥을 지면에 붙이고 당겨 마보를 만든다. 왼손은 순전하여 배꼽 부위로 모아 파형을 만들고 파심은 아래를 향한다. 오른손은 순전하여 아래로 원을 그리며 오른쪽 고관절 외측 호저로 모으고 손바닥은 서북쪽을 향하고 중지는 위로 비스듬히 치켜세운다.

작용: 쌍수랄법우퇴소법(雙手捋法右腿掃法)

상대가 나의 우제주법을 무력화하고 다시 좌측 제법으로 나의 복부를 공격하면 그 흐름을 타고 왼손으로 상대의 왼손을 잡고 배꼽 부위로 당기고 오른쪽 전완으로 상대의 왼쪽 팔꿈치 관절을 랄법으로 공격하고 동시에 상대의 왼발이 지면에 내릴 때 오른쪽 다리로 상대의 왼발 뒤꿈치를 쓸어 당긴다.

3. 시선은 불변하고 신법은 오른쪽으로 돌려 가슴을 동쪽으로 향한다. 오른쪽 다리는 북쪽으로 나아가 발끝을 바깥쪽으로 돌리고 왼쪽 다리는 발끝을 축으로 발뒤꿈치를 바깥쪽으로 돌려 헐보를 만든다. 왼쪽 파형은 역전하여 장형으로 만들고 호근으로 들어 올리며 손바닥은 서남쪽을 향하고 중지는 위로 비스듬히 치켜세운다. 오른손은 순전하여 안쪽 아래로 원을 그리며 호근으로 모으고 다시 역전하여 손바닥은 서북쪽을 향하고 중지는 위로 비스듬히 치켜세운다.

작용: 쌍수봉안좌견고법(雙手封按左肩靠法)

상대의 왼쪽 다리가 크게 들어오며 나의 랄법과 소법을 무력화하면 그 흐름을 타고 오른쪽 다리를 당겨 오른발로 상대의 왼쪽 다리를 공격한다. 동시에 양손으로 상대의 오른팔을 막아 누르고 왼쪽 어깨로 상대의 가슴 부위를 공격한다.

4. 시선은 불변하고 신법은 오른쪽으로 돌려 가슴을 동쪽으로 향한다. 오른쪽 다리는 경을 가라앉혀 견고하게 세우고 왼쪽 다리는 동북쪽 호정으로 다리를 들고 발바닥 내측으로 왼손 손바닥을 소리 나게 찬다. 왼손은 역전하여 손바닥은 서북쪽을 향하며 바깥쪽 위로 원을 그리고 동북쪽 호정으로 펼치며 왼쪽 발바닥 내측을 친다. 오른손은 계속 역전하여 바깥쪽으로 원을 그리며 남쪽 호저로 펼치고 손바닥은 아래를 향하고 중지는 위로 비스듬히 치켜세운다.

작용: 좌란제법좌퇴전소법(左攔擠法左退前埽法)
상대가 왼쪽 다리를 빠르게 빼고 나의 좌견고법을 무력화하면 그 흐름을 타고 왼손을 뒤집어 상대방의 가슴 부위를 제법으로 밀고 왼쪽 다리는 동시에 상대방의 오른발 소퇴 혹은 발뒤꿈치를 앞쪽으로 쓸어 당긴다. 오른손은 평형으로 배합한다.

39. 우전신등각(右轉身蹬脚)

모두 5개의 분해 동작이다.

1. 시선은 남쪽을 보고 신법은 오른쪽으로 돌려 가슴을 서남쪽으로 향한다. 오른쪽 다리는 발끝을 축으로 뒤꿈치를 바깥쪽으로 돌린다. 왼쪽 다리는 고관절의 경을 가라앉혀 무릎을 들어 독립보를 만든다. 왼손은 순전하여 안쪽 위로 원을 그리며 호근으로 모으고 팔꿈치를 가라앉혀 오른쪽 손목 위에 붙인다. 오른손은 순전하여 손목을 가라앉혀 배꼽 부위로 모으고 손바닥은 남쪽을 향하고 중지는 위로 비스듬히 치켜세운다.

작용: 쌍수반나법(雙手反拿法)

상대가 오른손으로 나의 오른쪽 손목을 비틀면 나는 오른팔을 역법으로 비틀며 손목을 가라앉혀 상대방의 오른쪽 손목을 반나법으로 잡는다. 왼쪽 팔꿈치로 상대가 손을 빼내지 못하도록 눌러 막는다.

2. 시선은 불변하고 신법은 오른쪽으로 돌려 가슴을 서쪽으로 향한다. 오른쪽 다리는 고관절의 경을 가라앉히고 왼쪽 다리는 지면에 내리고 측마보를 지나 마보를 만든다. 왼손은 남쪽 호저로 펼치고 오른손은 북쪽 호저로 펼치며 양쪽 손바닥은 모두 아래를 향하고 중지는 앞쪽 위로 비스듬히 치켜세운다.

작용: 진좌퇴쌍수포전열법주제붕법(進左退雙手抱纏挒法肘擠掤法)

상대가 손을 빼고 방어하려 당기면 그 흐름을 타고 왼쪽 다리가 나아가 양쪽 손의 합일로 상대방의 오른쪽 손목을 돌려 잡아 열나법으로 공격한다. 다시 상대가 오른쪽 제법으로 내 열법의 공격을 무력화하면 그 흐름을 타고 왼쪽 팔꿈치와 전완 부위로 상대방의 오른쪽 팔꿈치 부위를 가로막고 상대방의 제법 공격을 무력화한다.

3. 시선은 북쪽을 보고 신법은 먼저 오른쪽으로 돌리고 다시 왼쪽으로 돌려 가슴을 서쪽으로 향한다. 왼쪽 다리는 고관절의 경을 가라앉히고 오른쪽 다리는 발바닥을

지면에 붙이고 남쪽으로 질퇴로 당기고 마보를 만든다. 양손은 오른쪽으로 돌릴 때 역전하여 바깥쪽 아래로 원을 그리고 왼손은 남쪽 호첨, 오른손은 북쪽 호첨으로 펼치고 다시 신법을 따라 왼쪽으로 돌릴 때 안쪽 위로 원을 그리며 배꼽 부위 아래로 당겨 양손을 누르고 손바닥은 모두 아래를 향하고 중지는 앞쪽 위로 비스듬히 치켜세운다.

작용: 우주붕법우퇴소붕법(右肘掤法右腿掃掤法)

만약 상대가 나의 오른쪽 후방에서 나의 오른쪽 늑골 부위를 공격하면 나는 즉시 오른쪽 팔꿈치 부위로 상대의 오른쪽 팔꿈치 부위 혹은 오른쪽 전완 내측으로 흔들어 탄두경을 치고 상대의 공격을 무력화한다. 동시에 오른발은 앞으로 나온 발을 쓸어 당긴다.

4. 시선, 신법, 가슴, 방향은 불변한다. 왼쪽 다리는 고관절의 경을 가라앉히고 견고하게 세우며 오른쪽 다리는 무릎을 들어 독립보를 만든다. 양손은 권형을 만들고 배꼽 부위에서 호근으로 들어 올리고 양쪽 권심은 아래를 향한다.

작용: 우퇴괘면붕법(右腿挂面掤法)

만약 상대가 나의 공격을 무력화하고 다시 왼쪽 무릎을 들어 등퇴로 나의 오른쪽 정강이 혹은 무릎 관절을 공격하면 오른쪽 무릎을 들어 발등으로 상대의 오른쪽 발바닥에 붙이고 왼쪽 다리의 등각 공격을 무력화한다.

5. 시선, 신법, 가슴의 방향은 불변한다. 왼쪽 다리는 견고히 세우고 오른쪽 다리는 발바닥 외측에 역점을 두고 북쪽으로 찬다. 양쪽의 권은 순전하여 바깥쪽 위로 원을 그리며 오른쪽 권은 북쪽 호저로 오른쪽 무릎 위에 튕겨내듯 치고 왼쪽 권은 남쪽 호정으로 튕겨내듯 친다. 양쪽 권심은 위쪽을 향한다.

작용: 우퇴등각법(右腿蹬脚法)

상대의 등각 공격을 무력화하고 즉시 오른쪽 다리 등각법으로 상대의 지탱하고 있는 오른쪽 다리 무릎 관절을 공격한다.

40. 엄추굉추(掩手肱捶)

모두 5개의 분해 동작이다.

1. 시선은 북쪽을 보고 신법은 왼쪽으로 돌려 가슴을 서남쪽으로 향한다. 왼쪽 다리는 고관절 내측의 균형을 유지시켜 견고하게 세우고 오른쪽 다리는 무릎을 들어당겨 독립보를 만든다. 왼쪽 권은 남쪽 호저로 치고 권심은 위를 향한다. 오른쪽 권은 역전하여 오른쪽 가슴 부위로 권을 감아 당기고 권심은 아래를 향한다.

작용: 우수횡발붕법(右手橫拔掤法)

만약 상대가 오른쪽을 잡아 안법으로 공격해 오면 그 흐름을 타고 오른쪽 전완에 들어오는 힘을 빌어 당기고 팔꿈치는 주붕으로 공격한다.

2. 시선은 동북쪽을 보고 신법은 오른쪽으로 돌려 가슴을 동북쪽으로 향한다. 왼쪽 다리는 신법을 따라 발뒤꿈치를 축으로 발끝을 안쪽으로 당긴다. 오른쪽 다리는 고정되나 다만 왼발의 회전과 더불어 합력을 일으킨다. 왼쪽 권은 역전하여 안쪽 위로 원을 그리며 왼쪽 뺨 부위로 감아 당기고 권심은 아래를 향한다. 오른쪽 권은 순전하여 동쪽 호저로 치고 권심은 위쪽을 향한다.

작용: 우수잡권제법(右手砸拳擠法)

상대가 나의 주붕법의 공격을 무력화하면 나는 오른손을 아래로 흔들어 잡권으로 친다.

3. 시선은 불변하고 신법은 계속 오른쪽으로 돌리고 다시 왼쪽으로 돌려 가슴을 동북 쪽으로 향한다. 오른쪽 다리는 오른쪽으로 돌릴 때 왼발 뒤꿈치 쪽으로 내리고 고 관절의 경을 가라앉힌다. 왼쪽 다리는 서북쪽으로 나아가 측마보를 만들며 다시 왼쪽으로 돌릴 때 왼쪽 고관절의 경을 가라앉혀 마보를 만든다. 양손은 역전하여

내리누르고 왼손은 오른쪽 손목 위에 겹쳐 배꼽과 가까이 붙이며 중지는 서로 교차하여 좌우로 비스듬히 치켜세운다.

작용: 포전열법(抱纏挒法)

상대가 팔꿈치를 가라앉혀 나의 오른쪽 손목을 잡아 돌리면 그 흐름을 타고 왼손으로 오른손 손가락이 빠져나가는 것을 차단하고 팔꿈치를 가라앉혀 손목을 치켜세우고 상대의 오른쪽 손목을 반나법으로 잡아 상체의 지렛대 힘을 빌어 감아 안고 오른손은 앞으로 감아 안아 서로 간의 음양의 조화로 X 자 형태의 매듭식 열법을 만든다.

4. 시선은 불변하고 신법은 오른쪽으로 돌려 가슴을 동쪽으로 향한다. 오른쪽 다리는 고관절의 경을 가라앉히고 양쪽 다리의 보형은 불변한다. 왼손은 역전하여 아래로 원을 그리며 동북쪽 호첨으로 펼치고 손바닥은 위를 향하고 중지는 동북쪽을 비스듬히 치켜세운다. 오른손은 역전하여 아래로 원을 그리며 호근으로 들어 올리고 손바닥은 서북쪽을 향하고 중지는 비스듬히 치켜세운다.

작용: 좌제우인붕법(左擠右引掤法)

상대가 팔꿈치를 가라앉혀 포전열법을 무력화하여 오른쪽 제법으로 아랫배를 공격하면 그 흐름을 타고 신법을 오른쪽으로 돌려 오른손은 상대의 힘을 붕법으로 이끌어 돌려 잡고 왼팔로 상대의 오른쪽 팔꿈치를 제법으로 밀어 상대의 공격을 무력화한다.

5. 시선은 불변하고 신법은 왼쪽으로 돌려 가슴을 북쪽으로 향한다. 양쪽 다리는 마보를 거쳐 측마보를 만든다. 왼손은 역전하여 배꼽 부위로 당겨 모으고 파형을 만들며 파심은 아래를 향한다. 오른손은 주먹을 쥐어 동북쪽 호첨으로 역전하여 권을 치고 권심은 아래를 향한다.

작용: 좌채우굉탄두열법(左采右肱彈抖挒法)

상대가 팔꿈치를 가라앉혀 공격을 무력화하고 왼손으로 나의 왼쪽 손목을 돌려 잡으면 그 흐름을 타고 왼손을 뒤집으며 상대의 손목을 돌려 잡고 배꼽 부위로 채법으로 당기며 오른쪽 권은 상대의 복부 혹은 늑골 부위를 공격한다. 상대가 왼쪽 팔꿈치를 가라앉혀 나의 오른쪽 팔꿈치를 막아 권의 공격을 무력화하면 권의 큰 힘을 가해 안쪽으로 자전시켜 이두근 부위에 탄두경을 만들고 상대의 왼쪽 팔꿈치 관절을 공격한다.

요점

제4번 동작의 오른손은 들어올렸을 시 손바닥, 발출 시 주먹을 쥐며 쳐낸다.
제5번 동작의 왼손은 신법이 왼쪽으로 돌릴 때 구심력(음)을 빌어 잡아채고 오른쪽 권은 신법을 왼쪽으로 돌릴 때 원심력(양)을 빌어 공격한다. 좌파, 우권과 양쪽 다리의 지탱하는 공력은 서로 음양, 상대, 상등의 합일이며 또한 발출하는 것은 태극권 동작과 공력이 서로 연결되는 것이다.

41. 소금타(小擒打)

이 동작은 모두 4개의 분해 동작이다.

1. 시선은 동북쪽을 보고 신법은 왼쪽으로 돌려 가슴을 북쪽으로 향한다. 왼쪽 다리
는 고관절의 경을 가라앉히고 오른쪽 다리는 발끝이 동북쪽으로 나아가 전허보를
만든다. 왼쪽 파형은 역전하여 장형으로 만들고 오른뺨 부위로 들어 올리고 손바
닥은 동남쪽을 향하고 중지는 위로 비스듬히 치켜세운다. 오른손은 순전하여 팔꿈
치를 가라앉히고 권심은 위쪽을 향한다.

작용: 진보우권제법(進步右拳擠法)
상대가 팔꿈치를 가라앉혀 굉열법을 무력화하면 그 흐름을 타고 오른쪽 다리가 나
아가 오른쪽 권으로 두 번째 발력을 치고 상대의 얼굴을 공격한다. 또는 팔꿈치를
가라앉혀 제법으로 공격할 수 있다.

2. 시선은 불변하고 신법은 오른쪽으로 돌려 가슴을 동쪽으로 향한다. 오른쪽 다리는
뒤꿈치를 축으로 발끝을 바깥쪽으로 돌리고 경을 가라앉힌다. 왼쪽 다리는 북쪽으
로 나아가 측마보를 만든다. 왼손은 역전하여 바깥쪽 호저로 펼치고 손바닥은 아
래쪽을 향하고 중지는 오른쪽 앞으로 치켜세운다. 오른손은 호근을 지나 역전하여
장형으로 만들고 바깥쪽 위로 원을 그리며 동남쪽 호정으로 펼치고 손바닥은 동남
쪽을 향하며 중지는 동북쪽으로 비스듬히 치켜세운다.

작용: 진보우채좌안법(進步右采左按法)

상대가 오른손으로 권의 공세를 무력화하면 그 흐름을 타고 오른손으로 상대의 오른쪽 손목을 잡아 위로 당기고 왼손은 안법으로 상대의 우측 늑골 부위를 공격한다.

3. 시선은 북쪽을 보고 신법은 계속 오른쪽으로 돌려 가슴을 동남쪽으로 향한다. 오른쪽 다리는 고관절 내측을 접고 측마보를 만든다. 왼손은 순전하여 바깥쪽 아래로 원을 그리며 동북쪽 호정으로 모으고 손바닥은 위를 향하며 중지는 왼쪽으로 비스듬히 치켜세운다. 오른손은 역전하여 서남쪽 호첨으로 펼치고 손바닥은 위를 향하며 중지는 오른쪽으로 비스듬히 치켜세운다.

작용: 쌍수금나열법(雙手擒拿挒法)

상대가 나의 공격을 무력화하면 그 흐름을 타고 오른손의 채법을 강화하여 당기고 동시에 왼쪽 전완 부위로 상대방의 오른쪽 팔꿈치 관절을 위로 들어올리고 양손은 상하로 힘을 나누어 열법으로 공격한다.

4. 시선은 불변하고 신법은 왼쪽으로 돌려 가슴을 동북쪽으로 향한다. 왼쪽 다리는 고관절의 경을 가라앉히고 마보를 지나 측마보를 만든다. 왼손은 역전하여 북쪽

호첨으로 펼치고 손바닥은 동쪽을 향하며 중지는 위로 비스듬히 치켜세운다. 오른손은 순전하여 왼쪽 팔꿈치 아래로 밀고 손바닥은 북쪽을 향하며 중지는 위로 비스듬히 치켜세운다.

작용: 쌍수열타법(雙手捌打法)

나는 상대의 오른쪽 손목을 잡아 안법으로 밀고 왼손은 팔꿈치 관절을 열타법으로 공격한다.

42. 포두추산(抱頭推山)

모두 6개의 분해 동작이다.

1. 시선은 남쪽을 보고 신법은 먼저 왼쪽으로 돌리고 다시 오른쪽으로 돌려 가슴을 동쪽으로 향한다. 양쪽 고관절의 경을 가라앉혀 보형은 불변한다. 왼손은 먼저 역전하고 다시 순전하여 위로 원을 그리며 동남쪽 호정으로 펼치고 손바닥은 위로 향하고 중지는 위로 비스듬히 치켜세운다. 오른손은 순전하여 원위치에서 안장으로 밀고 손바닥은 서북쪽을 향하고 중지는 위로 비스듬히 치켜세운다.

작용: 우채좌상랄법(右采左上捋法)

상대가 팔꿈치를 가라앉혀 나의 제법 공격을 무력화하면 상대의 흐름을 타고 위쪽
랄법으로 이끌어 공격한다.

2. 시선은 불변하고 신법은 오른쪽으로 돌려 가슴을 동남쪽으로 향한다. 오른쪽 다리
는 마보를 지나 고관절의 경을 가라앉혀 측마보를 만든다. 왼손은 순전하여 위로
원을 그리고 호근으로 당겨 손바닥은 서북쪽을 향하고 중지는 앞쪽으로 치켜세운
다. 오른손은 배꼽 부위로 모으고 손바닥은 위쪽을 향하며 중지는 왼쪽으로 치켜
세운다.

작용: 좌수붕법(左手掤法)

상대가 나의 우채상랄법을 무력화하고 다시 안법으로 공격하면 상대의 흐름을 타
고 랄법으로 강하게 이끌어 공격한다. 오른쪽의 안법 공격에 따라 팔꿈치 주법으
로 공격할 수도 있다.

3. 시선은 불변하고 신법은 왼쪽으로 돌려 가슴을 동쪽으로 향한다. 왼쪽 다리는 고
관절의 경을 가라앉히고 오른쪽 다리는 북쪽으로 질퇴로 당겨 마보를 만든다. 왼
손은 역전하여 배꼽 부위로 당겨 파형을 만들고 파심은 아래쪽을 향한다. 오른손

은 역전하여 아래로 원을 그리며 남쪽 호저로 펼치고 손바닥은 아래쪽을 향하며 중지는 왼쪽으로 비스듬히 치켜세운다.

작용: 우소퇴보좌채우제안법(右掃退步左採右擠按法)
상대가 팔꿈치를 가라앉혀 랄법을 무력화하고 공격하려 하면 그 흐름을 타고 왼쪽 손목을 채법으로 당기며 오른손으로 상대의 팔꿈치 관절을 제안법으로 공격한다. 오른발은 손의 움직임과 협조하여 앞으로 나온 발을 쓸어 당긴다.

4. 시선은 불변하고 신법은 오른쪽으로 돌려 가슴을 남쪽으로 향한다. 오른쪽 다리는 고관절의 경을 가라앉혀 내측으로 접고 보형은 불변한다. 왼손은 역전하여 바깥쪽 아래로 원을 그리며 동쪽 호저로 펼치고 손바닥은 아래쪽을 향하며 중지는 앞쪽으로 비스듬히 치켜세운다. 오른손은 역전하여 바깥쪽 아래로 원을 그리며 남쪽 호첨으로 펼치고 손바닥은 아래쪽을 향하며 중지는 앞쪽으로 비스듬히 치켜세운다.

작용: 쌍수공세붕법(雙手功勢掤法)
상대가 복부를 당겨 나의 좌채·우제안법을 무력화하면 그 흐름을 타고 양쪽 손을 펼치고 힘을 모아 공격을 준비한다.

5. 시선은 불변하고 신법은 왼쪽으로 돌려 가슴을 동쪽으로 향한다. 왼쪽 다리는 고 관절의 경을 가라앉히고 오른쪽 다리는 남쪽으로 나아가 측마보를 만든다. 왼손은 순전하여 바깥쪽 아래로 원을 그리며 호근으로 모아 손바닥은 서남쪽을 향하고 중지는 앞쪽으로 비스듬히 치켜세운다. 오른손은 순전하여 안쪽 위로 원을 그리며 남쪽 호정으로 펼치고 손바닥은 위쪽을 향하고 중지는 앞쪽으로 비스듬히 치켜세운다.

작용: 진보좌제법우주랄열법(進步左擠法右肘捋挒法)

내가 양손을 펼치는 기회를 타고 상대가 양손 쌍안법으로 공격하면 그 흐름을 타고 오른쪽 다리가 나아가 양손이 상대의 팔뚝을 끌어안아 왼손은 팔꿈치를 가라앉혀 제법으로 밀고 오른손은 동시에 상대방의 왼쪽 팔꿈치 관절을 당기며 열법으로 공격한다.

6. 시선은 불변하고 신법은 먼저 왼쪽으로 돌리고 다시 오른쪽으로 돌려 가슴을 동남쪽으로 향한다. 왼쪽 다리는 왼쪽으로 돌릴 때 왼쪽 고관절 내측의 경을 가라앉히고 신법을 따라 오른쪽으로 돌릴 때 고관절 내측의 경을 펼치고 오른쪽 다리는 오른쪽으로 돌릴 때 경을 가라앉히고 마보를 만든다. 왼손은 왼쪽으로 돌릴 때 순전하여 원위치에서 자전하고 다시 오른쪽으로 돌릴 때 호첨으로 밀고 손바닥은 동남쪽을 향하고 중지는 위로 비스듬히 치켜세운다. 오른손은 왼쪽으로 돌릴 때 순전하여 안쪽 위로 원을 그리며 호근으로 모으고 다시 오른쪽으로 돌릴 때 동남쪽 호첨으로 밀고 손바닥은 동남쪽을 향하고 중지는 위로 비스듬히 치켜세운다.

작용: 좌제우랄열쌍안법(左擠右捋挒雙按法)

상대가 양쪽 팔꿈치의 힘을 가라앉혀 제법으로 공격을 무력화하면 그 흐름을 타고 왼쪽 제법으로 밀고 열법으로 당겨 상대방의 중심을 흔들어 양손 안법으로 상대의 가슴 부위를 공격한다.

43. 삼환장(三換掌)

모두 3개의 분해 동작이다.

1. 시선은 동남쪽을 보고 신법은 오른쪽으로 돌려 가슴을 남쪽으로 향한다. 오른쪽 다리는 고관절 내측의 경을 가라앉히고 보형은 불변한다. 왼손은 역전하여 계속 동남쪽 호첨으로 장을 찌르듯 집어넣고 손바닥은 동쪽을 향하고 중지는 앞쪽을 향한다. 오른손은 순전하여 손바닥을 왼손 손등을 거쳐 왼팔 안쪽을 따라 왼쪽 팔꿈치 부위로 당긴다.

작용: 좌제붕법(左擠掤法)

만약 상대가 나의 오른쪽 전방에서 왼손으로 나에 왼쪽 손목을 잡으면 그 흐름에 따라 제법으로 무력화하고 오른손은 동시에 당겨 방어한다.

2. 시선은 불변하고 신법은 왼쪽으로 돌려 가슴을 동쪽을 향한다. 왼쪽 다리는 신법을 따라 고관절 내측의 경을 가라앉혀 접고 오른쪽 다리는 고관절 내측의 경을 열고 보형은 불변한다. 왼손은 순전하여 호근으로 당기고 손바닥은 서쪽을 향하고 중지는 앞쪽으로 비스듬히 치켜세운다. 오른손은 역전하여 손바닥은 왼팔의 전완 내측을 따라 동남쪽 호첨으로 펼치고 손바닥은 아래쪽을 향하고 중지는 왼쪽으로 비스듬히 치켜세운다.

작용: 우제붕법(右擠掤法)

만약 상대가 나의 오른쪽 전방에서 왼손으로 나의 왼쪽 손목을 잡고 열법으로 나의 왼팔을 공격하면 그 흐름을 타고 왼손은 상대의 손목을 비틀어 당기고 오른손을 역전시켜 상대의 팔을 밀어낸다.

3. 시선은 불변하고 신법은 오른쪽으로 돌려 가슴을 동남쪽으로 향한다. 오른쪽 다리는 고관절 내측의 경을 가라앉히고 보형은 불변한다. 왼손은 순전하여 오른뺨 부위로 들어 손바닥은 위로 향하고 중지는 앞쪽으로 비스듬히 치켜세운다. 오른손은 순전하여 안쪽 아래로 원을 그리며 왼쪽 팔꿈치 부위로 모으고 손바닥은 왼쪽 팔꿈치에 붙인다.

작용: 우수배합좌주열법(右手配合左肘捌法)

만약 상대가 전방에서 왼손으로 나의 오른쪽 손목을 잡고 오른손으로 왼쪽 팔꿈치를 막아 안법으로 밀면 그 흐름에 따라 오른손으로 상대의 오른손을 막아 잡고 왼쪽 팔꿈치는 신법과 배합하여 상대방의 오른손을 주열법으로 공격한다.

44. 단편(單鞭)

모두 4개의 분해 동작이다.

1. 시선은 동남쪽을 보고 신법은 왼쪽으로 돌려 가슴을 동북쪽으로 향한다. 오른쪽 다리는 고관절 내측의 경을 가라앉히고 보형은 불변한다. 왼손은 역전하여 안쪽 아래로 원을 그리며 배꼽 부위로 당겨 손바닥은 서남쪽을 향하고 중지는 앞쪽으로 비스듬히 치켜세운다. 오른손은 역전하여 호근을 지나 동남쪽 호첨으로 누르듯 펼치고 손바닥은 동남쪽을 향하고 중지는 동북쪽으로 비스듬히 치켜세운다.

작용: 좌채우안법(左采右按法)

상대가 진보로 나아가 제법으로 나의 주열법을 무력화하면 그 흐름을 타고 왼손으로 상대의 왼쪽 손목을 잡고 배꼽 부위로 당긴다. 오른손은 상대의 왼쪽 팔꿈치 아래 늑골을 안법으로 공격한다.

2. 시선은 동북쪽을 보고 신법은 오른쪽으로 돌려 가슴을 동남쪽으로 향한다. 오른쪽 다리는 고관절의 경을 가라앉혀 견고하게 세운다. 왼쪽 다리는 북쪽으로 나아가 측마보를 만든다. 오른손은 제자리에서 구수로 만들고 왼손은 호근으로 당겨 손바닥은 서남쪽을 향하며 중지는 위로 비스듬히 치켜세운다.

작용: 진좌퇴좌견고법(進左腿左肩靠法)

만약 상대가 나의 왼쪽 전방에서 양손 안법으로 공격하면 나는 왼쪽 다리가 나아가 왼쪽 어깨와 팔꿈치로 상대의 공격을 무력화하며 왼쪽 어깨로 상대의 몸통 부위를 공격한다.

3. 시선은 불변하고 신법은 왼쪽으로 돌려 가슴을 동북쪽으로 향한다. 왼쪽 다리는 마보를 지나며 경을 가라앉힌다. 오른쪽 다리는 고관절을 열며 발뒤꿈치를 축으로 발끝을 안쪽으로 감고 측마보를 만든다. 왼손은 신법을 따라 역전하여 호첨으로 펼치고 손바닥은 좌측 전방 아래로 비스듬히 향하며 중지는 오른쪽 전방 위로 비스듬히 치켜세운다. 오른손은 역전하고 구수의 끝은 뒤쪽 아래로 비스듬히 향한다.

작용: 고주제법(靠肘擠法)

상대가 나의 고법을 무력화하면 그 흐름을 타고 신법을 왼쪽으로 돌려 왼쪽 어깨와 팔꿈치 그리고 손을 연환하여 몸통 부위를 공격한다.

4. 시선은 불변하고 신법은 오른쪽으로 돌려 가슴을 동쪽으로 향한다. 양쪽 다리는 신법을 따라 경을 가라앉히고 보형은 불변한다. 오른손 구수는 순전하여 구수의 끝은 아래를 향한다. 왼손은 순전하여 호첨으로 밀고 손바닥은 동북쪽을 향하고 중지는 위로 비스듬히 치켜세운다.

작용: 좌안법(左按法)

상대가 나의 왼쪽 공격을 무력화하면 그 흐름을 타고 오른쪽으로 신법을 돌려 왼손 안법으로 상대의 몸통 부위를 공격한다.

45. 전초(前招)

모두 2개의 분해 동작이다.

1. 시선은 동북쪽을 보고 신법은 왼쪽으로 돌려 가슴을 북쪽으로 향한다. 왼쪽 다리는 고관절 내측의 경을 가라앉히고 측마보를 만든다. 왼손은 역전하여 바깥쪽 위로 원을 그리며 서북쪽 호정으로 펼치고 손바닥은 서북쪽을 향하고 중지는 위로 비스듬히 치켜세운다. 오른손은 순전하여 장형으로 만들고 안쪽 아래로 원을 그리며 호근으로 당기고 손바닥은 서북쪽을 향하고 중지는 위로 비스듬히 치켜세운다.

작용: 좌수인붕법(左手引掤法)

만약 상대가 나의 왼쪽 전방에서 왼팔을 비틀어 열법으로 공격하려 하면 그 흐름을 타고 왼쪽 팔꿈치를 가라앉혀 전완 부위를 치켜세워 상대의 왼쪽 손목을 돌려 잡는다.

2. 시선은 불변하고 신법은 오른쪽으로 돌려 가슴을 동쪽으로 향한다. 오른쪽 다리는 고관절의 경을 가라앉히고 왼쪽 다리는 남쪽으로 퇴보로 빼고 전허보를 만든다. 왼손은 순전하여 안쪽 아래로 원을 그리며 호저를 지나 호근으로 당기고 손바닥은 서북쪽을 향하고 중지는 위로 비스듬히 치켜세운다. 오른손은 역전하여 바깥쪽 위로 원을 그리며 동남쪽 호정으로 펼치고 손바닥은 동남쪽을 향하고 중지는 위로 비스듬히 치켜세운다.

작용: 퇴보좌랄붕법(退步左捋掤法)

상대가 다시 안법으로 공격하면 나는 왼손을 당기고 왼쪽 다리를 퇴보로 빼며 팔꿈치를 가라앉혀 상대의 안법을 무력화시킨다.

46. 후초(後招)

모두 2개의 분해 동작이다.

1. 시선은 동북쪽을 보고 신법은 먼저 오른쪽으로 돌리고 다시 왼쪽으로 돌려 가슴을 다시 동북쪽으로 향한다. 왼쪽 다리는 오른쪽으로 돌릴 때 동북쪽으로 나아가 발을 내리고 측마보를 만든다. 다시 왼쪽으로 돌릴 때 왼쪽 고관절의 경을 가라앉히고 마보를 지나 오른발을 당겨 후허보를 만든다. 왼손은 오른쪽으로 돌릴 때 호근에서 순전하여 자전하고 다시 왼쪽으로 돌릴 때 바깥쪽 위로 원을 그리며 동북쪽 호정으로 펼치고 손바닥은 동북쪽을 향하고 중지는 위로 비스듬히 치켜세운다. 오른손은 오른쪽으로 돌릴 때 역전하여 바깥쪽 위로 원을 그리며 배꼽 부위를 지나 호근으로 모으고 손바닥은 서북쪽을 향하고 중지는 위로 비스듬히 치켜세운다.

작용: 좌고주제법(左靠肘擠法)
상대가 오른손을 뽑아 방어하려 하면 그 흐름을 타고 상대의 양쪽 다리 사이로 왼쪽 다리가 나아가 고주제법으로 공격한다.

2. 시선은 서남쪽을 보고 신법을 오른쪽으로 돌려 가슴을 남쪽으로 향한다. 왼쪽 다리는 고관절의 경을 가라앉히고 오른쪽 다리는 발끝을 축으로 뒤꿈치를 안쪽으로 돌려 전허보를 만든다. 왼손은 순전하여 바깥쪽 위에서 아래로 원을 그리고 배꼽 부위를 지나 호근으로 모으고 손바닥은 서남쪽을 향하고 중지는 위로 비스듬히 치

커세운다. 오른손은 역전하여 바깥쪽 위로 원을 그리며 서남쪽 호정으로 펼치고 손바닥은 서남쪽을 향하고 중지는 위로 비스듬히 치켜세운다.

작용: 우수격란붕법(右手格攔掤法)

만약 상대가 나의 오른쪽 후방에서 오른쪽 권으로 나의 뒤쪽을 공격해 오면 그 흐름을 타고 신법을 오른쪽으로 돌려 오른쪽 팔꿈치 부위를 횡으로 밀고 상대의 오른쪽 권의 공세를 무력화한다.

47. 야마분종(野馬分鬃)

모두 5개의 분해 동작이다.

1. 시선은 남쪽을 보고 신법은 먼저 오른쪽으로 돌리고 다시 왼쪽으로 돌려 가슴을 동쪽으로 향한다. 왼쪽 다리는 고관절의 경을 가라앉히고 오른쪽 다리는 왼쪽으로 돌릴 때 남쪽으로 나아가 고관절의 경을 가라앉히고 마보를 만든다. 왼손은 오른쪽으로 돌릴 때 호근에서 순전하여 다시 왼쪽으로 돌릴 때 역전하여 바깥쪽 위로 원을 그리며 동북쪽 호정으로 펼치고 손바닥은 동북쪽을 향하며 중지는 위로 비스듬히 치켜세운다. 오른손은 오른쪽으로 돌릴 때 역전하여 바깥쪽 위로 원을 그리며 호저를 지나 남쪽 호첨으로 천장으로 찌르고 손바닥은 위쪽을 향하고 중지는 앞쪽을 향한다.

작용: 진보좌인우굉붕법(進步左引右肱掤法)

만약 상대가 왼손으로 나의 왼쪽 손목을 잡고 나의 왼팔을 비틀어 열법으로 공격하면 그 흐름을 타고 먼저 오른쪽으로 신법을 돌려 공격을 무력화시키고 왼쪽으로 신법을 돌려 오른쪽 다리가 나아가 왼팔을 치켜세워 채법으로 당긴다. 오른손은 동시에 상대의 왼쪽 팔꿈치 아래로 파고 들어가 팔뚝으로 공격한다.

2. 시선은 불변하고 신법은 먼저 왼쪽으로 돌리고 다시 오른쪽으로 돌려 가슴을 서쪽으로 향한다. 오른쪽 다리는 발뒤꿈치를 축으로 발끝을 오른쪽으로 돌리고 왼발이 나아가 측마보를 지나 마보를 만든다. 왼손은 왼쪽으로 돌릴 때 역전하여 바깥쪽 위에서 안쪽 아래로 원을 그리며 호저를 지나 남쪽 호첨으로 천장으로 찌르고 손바닥은 위쪽을 향하고 중지는 앞쪽을 향한다. 오른손은 왼쪽으로 돌릴 때 계속 순전하여 바깥쪽 위로 원을 그리고 호근을 지나 서북쪽 호정으로 펼치고 손바닥은 서북쪽을 향하고 중지는 위로 비스듬히 치켜세운다.

작용: 진보우인좌굉붕법(進步右引左肱掤法)

상대가 나의 왼팔을 비틀어 열법으로 공격하면 팔꿈치 관절을 흔들어 쳐내며 상대의 왼손이 나의 왼쪽 손목을 놓도록 만든다. 상대방이 다시 오른손으로 나의 오른쪽 손목을 비틀어 잡고 열법으로 공격하려 하면 그 흐름을 타고 오른쪽으로 신법을 돌려 어깨와 팔꿈치 부위로 상대의 가슴 혹은 복부를 공격한다. 상대가 함흉하여 복부를 당기고 섬나법으로 나의 공격을 무력화하고 계속 오른팔을 비틀어 열법으로 공격하면 나는 오른쪽으로 신법의 각도를 넓혀 왼쪽 다리가 앞으로 나아가 오른쪽 팔뚝 부위로 상대방의 왼쪽 팔꿈치 관절을 고법으로 공격한다.

3. 시선은 불변하고 신법은 왼쪽으로 돌려 가슴을 서남쪽으로 향한다. 왼쪽 다리는 고관절의 경을 가라앉히고 오른쪽 다리는 남쪽으로 나아가 후허보를 만든다. 왼손은 역전하여 팔꿈치의 경을 가라앉혀 왼쪽 늑골 부위를 지나 바깥쪽 아래로 원을 그리며 남쪽 호저로 펼치고 손바닥은 아래쪽을 향하고 중지는 서쪽으로 향한다. 오른손은 순전하여 위로 원을 그리며 배꼽 부위를 지나 호근으로 모으고 손바닥은 동남쪽을 향하고 중지는 위로 비스듬히 치켜세운다.

작용: 진보좌견고주법(進步左肩靠肘法)
상대가 나의 오른쪽 손목을 비틀어 잡으면 오른쪽 다리가 나아가 왼쪽 주법과 고법으로 공격한다.

4. 시선은 불변하고 신법은 오른쪽으로 돌려 가슴을 서쪽으로 향한다. 오른쪽 다리는 먼저 북쪽 퇴보로 당기고 다시 왼쪽 다리를 당겨 전허보를 만든다. 왼손은 순전하여 바깥쪽 아래로 원을 그리며 서남쪽 호정으로 펼치고 손바닥은 위쪽을 향하고 중지는 앞쪽으로 비스듬히 치켜세운다. 오른손은 역전하여 바깥쪽 위로 원을 그리며 서북쪽 호정으로 펼치고 손바닥은 서북쪽을 향하고 중지는 앞쪽으로 비스듬히 치켜세운다.

작용: 퇴보우채좌주굉열법(退步右採左肘肱挒法)

상대가 함흉하여 섬나법으로 공격을 무력화하면 그 흐름을 타고 오른손으로 상대
의 오른쪽 손목을 잡고 퇴보로 위쪽 채법으로 당기고 왼쪽 팔꿈치와 팔뚝 부위로
상대의 오른쪽 팔꿈치 관절을 흔들어 쳐낸다.

5. 시선은 불변하고 신법은 왼쪽으로 돌려 가슴을 서남쪽으로 향한다. 왼쪽 다리는
   남쪽으로 나아가 측마보를 지나 고관절의 경을 가라앉히고 오른쪽 다리를 당겨 마
   보를 만든다. 왼손은 순전하여 안쪽 위로 원을 그리며 호근을 지나 역전하여 남쪽
   호첨으로 펼치고 손바닥은 아래쪽을 향하고 중지는 서쪽으로 비스듬히 치켜세운
   다. 오른손은 역전하여 바깥쪽 위로 원을 그리며 배꼽 부위로 모으고 손바닥은 남
   쪽을 향하고 중지는 서남쪽으로 비스듬히 치켜세운다.

작용: 진보좌고주제법(進步左靠肘擠法)

상대가 진보로 나와 제법으로 나의 공격을 무력화하고 오른쪽 고·주·제연환법으로
나의 가슴 혹은 복부를 공격하면 그 흐름을 타고 왼쪽 다리와 오른쪽 다리가 나아
가는 힘을 이용하여 고주제법으로 상대의 몸통 부위를 공격한다. 오른손은 상대에
오른쪽 손목을 돌려 잡고 보조하여 공격한다.

48. 좌전신육봉사폐(左轉身六封四閉)

모두 4개의 분해 동작이다.

1. 시선은 남쪽을 보고 신법은 오른쪽으로 돌려 가슴을 서쪽으로 향한다. 오른쪽 다리는 고관절의 경을 가라앉혀 내측을 접고 보형은 불변한다. 왼손은 순전시하여 안쪽 아래로 원을 그리며 배꼽 부위를 지나 호근으로 모으고 손바닥은 위로 향하고 중지는 앞쪽으로 비스듬히 치켜세운다. 오른손은 역전하여 서북쪽 호정으로 펼치고 손바닥은 서북쪽을 향하고 중지는 위로 비스듬히 치켜세운다.

작용: 좌랄붕우채좌주열법(左捋掤右采左肘挒法)
상대가 팔꿈치를 가라앉혀 제법으로 공격해 오면 그 흐름을 타고 오른쪽 팔꿈치 부위로 횡으로 밀어 무력화시키고 오른손으로 상대의 오른쪽 손목을 잡고 오른쪽 위로 당겨 상대의 오른쪽 팔꿈치 관절을 흔들어 튕기듯이 쳐서 공격한다.

2. 시선은 불변하고 신법은 왼쪽으로 돌려 가슴을 남쪽으로 향한다. 왼쪽 다리는 고관절의 경을 가라앉혀 내측으로 접고 보형은 불변한다. 왼손은 계속 순전하여 배꼽 부위로 당기고 파형으로 만들고 파심은 아래를 향한다. 오른손은 역전하여 서남쪽 호정으로 밀고 손바닥은 서남쪽을 향하고 중지는 위로 비스듬히 치켜세운다.

작용: 좌채우랄열법(左采右捋挒法)

상대가 왼손으로 나의 왼쪽 손목을 돌려 잡고 나의 우채좌주열법을 무력화하면 그 흐름을 타고 왼손으로 상대의 왼쪽 손목을 돌려 잡아 배꼽 부위로 당기고 오른쪽 전완 부위로 상대의 왼쪽 팔꿈치 관절을 눌러 막는다.

3. 시선은 불변하고 신법은 계속 왼쪽으로 돌려 가슴을 동쪽으로 향한다. 왼쪽 다리는 발 뒤꿈치를 축으로 발끝을 바깥쪽으로 돌린다. 오른쪽 다리는 동남쪽으로 나아가고 전허보를 만든다. 왼손은 계속 순전하여 장형으로 만들어 호근으로 들어 올리고 손바닥은 위쪽을 향하고 중지는 앞쪽 위로 비스듬히 치켜세운다. 오른손은 순전하여 안쪽 아래로 원을 그리며 호저를 지나 동남쪽 호정으로 들어 올리고 손바닥은 위쪽을 향하고 중지는 앞쪽으로 비스듬히 치켜세운다.

작용: 좌채우주열법(左采右肘挒法)

상대가 팔꿈치를 가라앉혀 제법으로 나의 공격을 무력화하면 그 흐름을 타고 오른쪽 다리가 나아가 상대의 왼손을 잡고 호근 위로 당기고 동시에 오른쪽 전완 부위로 상대방의 왼쪽 팔꿈치를 위로 들어올린다.

4. 시선은 불변하고 신법은 오른쪽으로 돌려 가슴을 동남쪽으로 향한다. 오른쪽 다리는 남쪽으로 나아가 발을 내려놓고 왼쪽 다리는 당겨 후허보를 만든다. 양쪽 손은 동시에 역전시키고 동남쪽 호첨으로 밀고 양손 손바닥은 모두 동남쪽을 향하고 중지는 위로 비스듬히 치켜세운다.

작용: 근보쌍안법(跟步雙按法)

상대가 나의 좌채우주열법을 무력화하면 상대방의 다리가 나오는 흐름을 타고 왼쪽 다리를 앞으로 당겨 양손으로 상대방 상체를 밀어 공격한다.

49. 단편(單鞭)

모두 5개의 분해 동작이다.

1. 시선은 불변하고 신법은 오른쪽으로 돌려 가슴을 남쪽으로 향한다. 오른쪽 다리는 고관절의 경을 가라앉히고 보형은 불변한다. 오른손은 순전하여 내측 아래로 원을 그리며 호근으로 당기고 손바닥은 위로 향하고 중지는 앞쪽으로 비스듬히 치켜세운다. 왼손은 신법을 따라 순전하여 호첨으로 이동하고 손바닥은 위로 향하며 중지는 왼쪽 앞쪽으로 비스듬히 치켜세운다.

작용: 우채좌안붕법(右采左按掤法)

만약 상대가 전나 후에 제법 혹은 안법으로 공격하면 나는 순세로 손을 내측으로 모으며 상대의 힘을 무력화하고 채법으로 당기며 안법으로 공격한다.

2. 시선은 신법을 따라 동북쪽을 보고 신법은 왼쪽으로 돌려 가슴을 동북쪽으로 향한다. 오른쪽 다리는 발뒤꿈치를 축으로 발끝을 안쪽으로 당긴다. 왼쪽 다리는 고관절의 경을 가라앉히고 발끝을 축으로 발뒤꿈치를 안쪽으로 당긴다. 오른손은 아래로 원을 그리며 호첨으로 펼치며 구수(勾手)로 변화시키고 구(勾)의 끝은 아래로 향한다. 왼손은 역전하여 팔꿈치를 가라앉히고 신법을 따라 호근으로 당기고 손바닥은 남쪽을 향하며 중지는 오른쪽 전방 위쪽으로 비스듬히 치켜세운다.

작용: 우채좌붕열법(右采左掤捌法)
만약 상대가 나의 오른팔을 비틀어 잡으려 하면 왼손으로 상대방의 왼쪽 손목을 돌려 잡아 늑골 부위로 당기고 동시에 오른쪽 팔뚝 부위로 상대방의 왼쪽 팔꿈치 관절을 흔들어 튕겨낸다.

3. 시선은 불변하고 신법은 오른쪽으로 돌려 가슴을 동남쪽으로 향한다. 오른쪽 다리는 고관절의 경을 가라앉혀 견고하게 세운다. 왼쪽 다리는 북쪽으로 나아가 측마보를 만든다. 오른손 구수는 그대로 유지하고 왼손은 신법을 따라 손바닥을 서남쪽으로 향하며 중지는 위로 비스듬히 치켜세운다.

작용: 진좌퇴좌견고법(進左腿左肩靠法)

만약 상대가 나의 왼쪽 전방에서 양손 안법으로 공격하면 나는 왼쪽 다리가 나아가 왼쪽 어깨와 팔꿈치로 상대의 공격을 무력화하며 상대방의 몸통 부위를 공격한다.

4. 시선은 불변하고 신법은 왼쪽으로 돌려 가슴을 동북쪽으로 향한다. 왼쪽 다리는 마보를 지나며 경을 가라앉힌다. 오른쪽 다리는 고관절을 열며 발뒤꿈치를 축으로 발끝을 안쪽으로 감고 측마보를 만든다. 왼손은 신법을 따라 역전하여 호첨으로 펼치고 손바닥은 좌측 전방 아래로 비스듬히 향하며 중지는 오른쪽 전방 위로 비스듬히 치켜세운다. 오른손은 역전하고 구수의 끝은 뒤쪽 아래로 비스듬히 향한다.

작용: 고주제법(靠肘擠法)

상대가 나의 고법을 무력화하며 그 흐름을 타고 신법을 왼쪽으로 돌려 왼쪽 어깨와 팔꿈치 그리고 손을 연환하여 몸통 부위를 공격한다.

5. 시선은 불변하고 신법은 오른쪽으로 돌려 가슴을 동쪽으로 향한다. 양쪽 다리는 신법을 따라 경을 가라앉히고 보형은 불변한다. 오른손 구수는 순전하여 구수의 끝은 아래를 향한다. 왼손은 순전하여 호첨으로 밀고 손바닥은 동북쪽을 향하고 중지는 위로 비스듬히 치켜세운다.

작용: 좌안법(左按法)

상대가 나의 왼쪽 공격을 무력화하면 그 흐름을 타고 오른쪽으로 신법을 돌려 왼손 안법으로 상대의 몸통 부위를 공격한다.

요점

제4동작 시 몸통이 기울거나 팔꿈치가 들려 상대의 힘과 부딪치지 않도록 주의한다.

50. 퇴보쌍진각(退步雙震脚)

모두 11개의 분해 동작이다.

1. 시선은 남쪽을 보고 신법은 왼쪽으로 돌려 가슴을 동북쪽으로 향한다. 왼쪽 다리는 고관절을 내측으로 접어 측마보를 만든다. 왼손은 역전하여 안쪽 아래로 원을 그리고 북쪽 호저로 펼치고 손바닥은 아래쪽을 향하며 중지는 동쪽으로 비스듬히 치켜세운다. 오른손은 순전하여 장형으로 만들고 안쪽 아래로 원을 그리며 호저를 지나 호근으로 모으고 손바닥은 서북쪽을 향하고 중지는 위로 비스듬히 치켜세운다.

작용: 우랄붕법(右捋掤法)

만약 상대가 나의 오른쪽 후방에서 왼쪽 권으로 오른쪽 늑골 부위를 공격해 오거나 오른손을 잡아 누르면 오른쪽 팔꿈치를 가라앉혀 상대의 왼쪽 팔꿈치 부위 안쪽으로 밀어 무력화한다.

2. 시선은 불변하고 신법은 오른쪽으로 돌려 가슴을 동남쪽으로 향한다. 왼쪽 다리는 발뒤꿈치를 축으로 발끝을 안쪽으로 감고, 오른쪽 다리는 고관절의 경을 가라앉혀 견고하게 세운다. 왼손은 순전하여 바깥쪽 아래로 원을 그리며 호근으로 모으고 손바닥은 남쪽을 향하고 중지는 위로 비스듬히 치켜세운다. 오른손은 역전하여 바깥쪽 위로 원을 그리고 남쪽 호정으로 펼치고 손바닥은 동남쪽을 향하고 중지는 위로 비스듬히 치켜세운다.

작용: 우주제법(右肘擠法)

상대가 팔꿈치를 가라앉혀 공격을 무력화하고 다시 오른손으로 나의 팔을 누르면 상대의 흐름을 이끌어 주제법으로 되돌려 공격한다.

3. 시선은 불변하고 신법은 왼쪽으로 돌려 가슴을 남쪽으로 향한다. 왼쪽 다리는 고

관절의 경을 가라앉히고 오른쪽 다리는 북쪽으로 당겨 마보를 만든다. 왼손은 역전하여 배꼽 부위로 당기고 손바닥은 아래쪽을 향하고 중지는 앞쪽으로 비스듬히 치켜세운다. 오른손은 역전하여 바깥쪽 위로 원을 그리며 호저로 당기고 손바닥은 동쪽을 향하고 중지는 앞쪽으로 비스듬히 치켜세운다.

작용: **퇴보우붕법(退步右掤法)**
상대가 오른쪽 팔꿈치 주법을 무력화하면 오른쪽 다리를 당기며 오른쪽 팔꿈치를 당겨 오른쪽 전완 부위를 치켜세워 상대의 양손을 눌러 막는다.

4. 시선은 불변하고 신법은 왼쪽으로 돌려 가슴을 동남쪽으로 향한다. 왼쪽 다리는 고관절의 경을 가라앉히고 오른쪽 다리는 북쪽으로 퇴보로 빠지며 헐보를 만든다. 왼손은 역전하여 바깥쪽 아래 호저로 펼치고 손바닥은 아래쪽을 향하고 중지는 앞쪽으로 비스듬히 치켜세운다. 오른손은 순전하여 안쪽 아래로 원을 그리고 호근으로 모으고 손바닥은 서북쪽을 향하고 중지는 앞쪽으로 비스듬히 치켜세운다.

작용: **퇴보우붕법(退步右掤法)**
상대가 양손으로 나의 오른팔을 밀어 공격하면 그 흐름을 타고 오른쪽 다리를 뒤로 빼고 신법을 왼쪽으로 돌려 구심력을 이용하여 상대방의 양손 안법을 무력화시키고 신법을 왼쪽으로 돌려 원심력을 이용하여 오른쪽 전완 부위로 상대의 양손을

눌러 막아 안법의 역공격 자세를 만든다.

5. 시선은 불변하고 신법은 오른쪽으로 돌려 가슴을 남쪽으로 향한다. 오른쪽 다리는 고관절의 경을 가라앉히고 견고하게 세우고 왼쪽 다리는 북쪽 퇴보로 옮겨 마보를 만든다. 왼손은 순선하여 바깥쪽 아래로 원을 그리고 호근으로 모으고 손바닥은 위쪽을 향하며 중지는 위로 비스듬히 치켜세운다. 오른손은 역전하여 바깥쪽 위로 원을 그리고 남쪽 호정으로 펼치고 손바닥은 동남쪽을 향하고 중지는 위로 비스듬히 치켜세운다.

작용: **퇴보우주법(退步右肘法)**
상대가 퇴보우붕법을 무력화하고 다시 오른손으로 나의 오른쪽 손목을 잡아당겨 오른쪽 팔꿈치 관절을 공격하면 그 흐름을 타고 왼쪽 다리를 뒤로 빼고 오른쪽 팔꿈치와 오른쪽 전완으로 상대의 얼굴 부위를 공격한다.

6. 시선은 불변하고 신법은 왼쪽으로 돌려 가슴을 남쪽으로 향한다. 왼쪽 다리는 고관절의 경을 가라앉히고 오른쪽 다리는 북쪽으로 당겨 마보를 만든다. 왼손은 역전하여 배꼽 부위로 당기고 손바닥은 아래쪽을 향하고 중지는 앞쪽으로 비스듬히 치켜세운다. 오른손은 역전하여 바깥쪽 위로 원을 그리며 호저로 당기고 손바닥은 동쪽을 향하고 중지는 앞쪽으로 비스듬히 치켜세운다.

작용: 퇴보우붕법(退步右掤法)

상대가 오른쪽 팔꿈치 주법을 무력화하면 오른쪽 다리를 당기며 오른쪽 팔꿈치를 당겨 오른쪽 전완 부위를 치켜세워 상대의 양손을 눌러 막는다.

7. 시선은 불변하고 신법은 왼쪽으로 돌려 가슴을 동남쪽으로 향한다. 왼쪽 다리는 고관절의 경을 가라앉히고 오른쪽 다리는 북쪽으로 퇴보로 빠지며 헐보를 만든다. 왼손은 역전하여 바깥쪽 아래 호저로 펼치고 손바닥은 아래쪽을 향하고 중지는 앞쪽으로 비스듬히 치켜세운다. 오른손은 순전하여 안쪽 아래로 원을 그리고 호근으로 모으고 손바닥은 서북쪽을 향하고 중지는 앞쪽으로 비스듬히 치켜세운다.

작용: 퇴보우붕법(退步右掤法)

상대가 양손으로 나의 오른팔을 밀어 공격하면 그 흐름을 타고 오른쪽 다리를 뒤로 빼고 신법을 왼쪽으로 돌려 구심력을 이용하여 상대방의 양손 안법을 무력화시키고 신법을 왼쪽으로 돌려 원심력을 이용하여 오른쪽 전완 부위로 상대의 양손을 눌러 막아 안법의 역공격 자세를 만든다.

8. 시선은 불변하고 신법은 오른쪽으로 돌려 가슴을 남쪽으로 향한다. 오른쪽 다리는 고관절의 경을 가라앉히고 견고하게 세우고 왼쪽 다리는 북쪽 퇴보로 옮겨 마보를 만든다. 왼손은 순전하여 바깥쪽 아래로 원을 그리고 호근으로 모으고 손바닥은 위쪽을 향하며 중지는 위로 비스듬히 치켜세운다. 오른손은 역전하여 바깥쪽 위로 원을 그리고 남쪽 호정으로 펼치고 손바닥은 동남쪽을 향하고 중지는 위로 비스듬히 치켜세운다.

작용: 퇴보우주법(退步右肘法)

상대가 퇴보우붕법을 무력화하고 다시 오른손으로 나의 오른쪽 손목을 잡아당겨 오른쪽 팔꿈치 관절을 공격하면 그 흐름을 타고 왼쪽 다리를 뒤로 빼고 오른쪽 팔꿈치와 오른쪽 전완으로 상대의 얼굴 부위를 공격한다.

9. 시선은 불변하고 신법은 왼쪽으로 돌려 가슴을 남쪽으로 향한다. 왼쪽 다리는 고관절의 경을 가라앉히고 오른쪽 다리는 북쪽으로 당겨 마보를 만든다. 왼손은 역전하여 배꼽 부위로 당기고 손바닥은 아래쪽을 향하고 중지는 앞쪽으로 비스듬히 치켜세운다. 오른손은 역전하여 바깥쪽 위로 원을 그리며 호저로 당기고 손바닥은 동쪽을 향하고 중지는 앞쪽으로 비스듬히 치켜세운다.

작용: 퇴보우붕법(退步右掤法)

상대가 오른쪽 팔꿈치 주법을 무력화하면 오른쪽 다리를 당기며 오른쪽 팔꿈치를 당겨 오른쪽 전완 부위를 치켜세워 상대의 양손을 눌러 막는다.

10. 시선은 불변하고 신법은 왼쪽으로 돌려 가슴을 동남쪽으로 향한다. 양쪽 다리는 경을 아래로 가라앉혔다가 오른쪽 무릎을 들고 왼쪽 다리를 이끌어 뛰어오른다. 왼손은 순전하여 팔꿈치를 가라앉혀 위로 들고 손바닥은 위쪽을 향하고 중지는

위로 비스듬히 치켜세운다. 오른손은 순전하여 안쪽 아래로 원을 그리고 배꼽 부위를 지나 호정으로 손을 들어 올리고 손바닥은 위를 향하고 중지는 위로 비스듬히 치켜세운다.

작용: 우슬타법주붕법(右膝打法肘掤法)
상대가 여전히 나의 오른쪽 손목을 잡고 왼손으로 나의 오른팔꿈치 부위를 돌려 잡아 밀어 공격하면 그 흐름을 타고 자세를 낮게 유도하고 오른쪽 손목과 오른쪽 팔꿈치 부위를 돌려 역공 자세를 만든 후 뛰어오르는 힘을 빌어 오른쪽 팔꿈치 부위를 위로 흔들어 상대방의 양손을 떨쳐낸다. 오른쪽 무릎은 동시에 상대방의 당부를 공격한다.

11. 시선은 불변하고 신법은 왼쪽 다리를 지면에 내리며 오른쪽으로 돌리고 가슴을 남쪽으로 향한다. 왼쪽 다리를 먼저 지면에 내리고 오른쪽 다리는 진각을 밟아 소리를 내고 마보를 만든다. 양손은 역전하여 앞뒤에 위치하고 배꼽 부위로 내려 양손의 손바닥은 모두 아래쪽을 향하며 중지는 앞쪽으로 비스듬히 치켜세운다.

작용: 우퇴타법(右腿跺法)
앞의 공격과 이어 아래로 떨어지는 관성력을 빌어 오른발로 상대의 발등을 밟고 양손은 세로로 쓸어내리는 안장으로 배합하여 공격한다.

51. 옥녀천사(玉女穿梭)

모두 2개의 분해 동작이다.

1. 시선은 남쪽을 보고 신법과 가슴은 불변한다. 오른쪽 다리는 남쪽으로 한 발 나아가 오른쪽 고관절 내측의 경을 가라앉히고 왼쪽 다리를 당겨 마보를 만든다. 오른손은 보법을 따라 역전하여 남쪽 호첨으로 밀고 손바닥은 남쪽을 향한다. 왼손은 역전하여 호첨으로 밀고 손바닥은 남쪽을 향하고 양손의 중지는 위로 치켜세운다.

작용: 진보쌍안법(進步雙按法)
상대방이 발을 들어 오른쪽 다리 타법을 무력화하면 그 흐름을 타고 먼저 오른쪽 다리가 나아가고 다시 왼쪽 다리를 당겨 양손으로 상대방의 가슴을 밀어 공격한다.

2. 시선은 불변하고 신법은 등공 후에 오른쪽으로 돌려 가슴을 동쪽으로 향한다. 오른쪽 다리는 지면을 밟아 왼쪽 다리는 신법을 따라 남쪽으로 뛰어올라 오른쪽으로 돌려 발을 내리고 오른발은 왼발 뒤쪽으로 내려 발끝을 축으로 뒤꿈치를 안쪽으로 감아 내리고 왼발은 뒤꿈치를 축으로 발끝을 안쪽으로 감아 내려 마보를 만든다. 왼손은 보법을 따라 역전하여 남쪽 호첨으로 밀고 다시 오른쪽으로 돌릴 때 역전하여 북쪽 호저로 누르고 손바닥은 아래를 향하며 중지는 앞쪽으로 치켜세운다. 오른손은 보법을 따라 위로 뛸 때 역전하여 바깥쪽 위로 원을 그리며 서쪽 호정으로 펼치고 오른쪽으로 돌려 양쪽 발을 지면에 내릴 때 변함없이 유지시키고 손바닥은 동남쪽을 향하며 중지는 위로 비스듬히 치켜세운다.

작용: 찬약우채좌굉열법후전신우채좌굉열법(躥躍右采左肱挒法后轉身右采左肱挒法)

상대가 퇴보로 빠져 내 진보 안법의 공세를 무력화하면 그 흐름을 타고 오른손으로 상대의 오른쪽 손목을 돌려 잡아 채법으로 위로 당기고 동시에 몸이 뛰어나가 왼쪽 팔뚝으로 상대의 오른쪽 팔꿈치 관절을 열법으로 공격하고 오른쪽으로 몸을 돌려 왼손으로 상대의 당부를 치고 팔뚝과 어깨로 상대의 오른쪽 팔꿈치 관절을 공격한다.

52. 란찰의(攔擦衣)

모두 3개의 분해 동작이다.

1. 시선은 불변하고 신법은 왼쪽으로 돌려 가슴을 동쪽으로 향한다. 왼쪽 다리는 고 관절의 경을 가라앉히고 오른쪽 다리는 남쪽으로 나아가 측마보를 만든다. 왼손은 바깥쪽으로 펼쳐 위로 원을 그리며 호근으로 모은다. 장심은 동남쪽을 향하고 중 지는 위로 치켜세운다. 오른손은 바깥쪽 위로 원을 그리며 호근으로 모은다. 손바 닥은 서북쪽을 향하며 중지는 오른쪽 전방 위로 비스듬히 치켜세운다. 이때 양손 은 비스듬한 십자 형태를 이룬다.

작용: 진우보주고법(進右步肘靠法)

상대가 나의 고주제붕법을 무력화하면 그 흐름에 따라 오른발이 앞으로 나아가 몸통 부위를 고·주법으로 공격한다. 왼손은 오른손과 배합하며 가슴을 보호한다.

2. 시선은 불변하고 신법은 오른쪽으로 돌려 가슴을 동남쪽으로 향한다. 오른쪽 다리는 고관절의 경을 가라앉히고 왼쪽 다리는 뒤꿈치를 축으로 발끝을 안쪽으로 당겨 왼쪽 고관절을 열어 측마보를 만든다. 오른손은 역전하여 바깥쪽 위로 원을 그리며 호첨으로 펼친다. 손바닥은 아래로 향하고 중지는 왼쪽 전방 위로 비스듬히 치켜세운다. 왼손은 오른손과 배합하여 오른쪽 전완 안쪽에 붙인다. 중지는 오른쪽 전방 위쪽으로 비스듬히 치켜세운다.

작용: 우고주제법(右靠肘擠法)

상대가 나의 우측에서 고·주법을 무력화하고 다시 좌제·우상채법으로 이끌어 공격하려 하면 그 흐름을 타고 오른쪽으로 신법을 돌려 우측 고·주·제·붕법으로 역공한다. 왼손은 오른팔을 보조하여 돕는다.

3. 시선은 불변하고 신법은 왼쪽으로 돌려 가슴을 동쪽으로 향한다. 왼쪽 다리는 고관절의 경을 가라앉히고 보형은 불변한다. 오른손은 바깥쪽으로 돌려 호첨으로 밀어낸다. 손바닥은 동남쪽을 향하고 중지는 오른쪽 전방 위로 비스듬히 치켜세운다. 왼손은 역전하여 팔꿈치를 왼쪽 늑골 부위로 당겨 붙이며 파형으로 만든다.

작용: 좌채우안법(左采右按法)

상대가 나의 우측 고·주·제법의 공격을 무력화하고 다시 왼손 제법으로 나의 복부를 공격하면 상대의 왼쪽 손목을 돌려 잡고 채법으로 당기며 오른손 안법으로 상대의 몸통 부위를 공격한다.

요점

시선은 상대를 주시하고 몸을 따라 움직이지 않는다.

제1동작에서 양손을 모을 때 다리가 동시에 상응하여 나가야 한다.

제2동작 신법을 오른쪽으로 돌릴 때 발끝을 안쪽으로 돌린다.

제3동작 오른쪽 다리 고관절의 경은 계속 가라앉힌다.

53. 육봉사폐(六封四閉)

모두 5개 동작으로 이루어진다.

1. 시선은 동남쪽을 보고 신법은 왼쪽으로 돌려 가슴을 동북쪽으로 향한다. 왼쪽 다리는 고관절의 경을 가라앉히고 보형은 변함이 없다. 왼손은 제자리에서 순전하고 손바닥은 오른쪽 아래로 비스듬히 향하고 중지는 오른쪽 전방 아래로 비스듬히 향한다. 오른손은 순전하여 아래쪽으로 원을 그리며 호저를 지나 호근으로 모은다. 손바닥은 서북쪽을 향하고 중지는 오른쪽 전방 위로 비스듬히 치켜세운다.

작용: 좌채우랄붕열법(左采右捋掤挒法)

상대가 나의 오른쪽 전방에서 오른손으로 나의 오른쪽 손목을 안법으로 누르면 나는 상대방 손목을 계속 돌려 잡고 오른팔 전완으로 상대방의 팔꿈치 관절을 랄법으로 당기며 열법으로 공격한다. 만약 나의 오른팔이 상대방의 왼팔 아래에 있으면 나의 신법을 좌로 돌리며 들어오는 힘을 이용하여 오른쪽 팔뚝 부위가 상대방의 왼쪽 팔꿈치 관절을 점하고 왼팔의 구심력과 결합하여 좌채·우굉열법으로 상대방의 관절을 공격한다.

2. 시선은 불변하고 신법은 오른쪽으로 돌려 가슴을 동남쪽으로 향한다. 오른쪽 다리는 고관절의 경을 가라앉히고 왼쪽 다리는 뒤꿈치를 축으로 발끝을 안쪽으로 당겨 왼쪽 고관절을 열어 측마보를 만든다. 오른손은 역전하여 바깥쪽 위로 원을 그리며 호첨으로 펼친다. 손바닥은 아래로 향하고 중지는 왼쪽 전방 위로 비스듬히 치켜세운다. 왼손은 오른손과 배합하여 오른쪽 전완 안쪽에 붙인다. 중지는 오른쪽 전방 위쪽으로 비스듬히 치켜세운다.

작용: 우고주제법(右靠肘擠法)

상대가 나의 우측에서 고·주법을 무력화하고 다시 좌제·우상채법으로 이끌어 공격하려 하면 그 흐름을 타고 오른쪽으로 신법을 돌려 우측 고·주·제·붕법으로 역공한다. 왼손은 오른팔을 보조하여 돕는다.

3. 시선은 불변하고 신법은 왼쪽으로 돌려 가슴을 동쪽으로 향한다. 왼쪽 다리는 신
법에 따라 왼쪽 발뒤꿈치를 축으로 왼쪽 발끝을 외측으로 돌려 경을 가라앉혀 마
보를 만든다. 오른손은 순전하여 아래로 원을 그리며 팔꿈치를 가라앉히며 늑골
부위로 당긴다. 손바닥은 동쪽을 향하며 중지는 오른쪽 전방 위로 비스듬히 치켜
세운다. 왼손은 순전하여 배꼽 부위로 당기며 파형을 만든다.

작용: 좌채우랄붕법(左采右掤法)

상대가 고·주·제법의 공세를 무력화하고 왼손 제법으로 복부를 공격하면 왼손으로
상대의 왼쪽 손목을 배꼽 부위로 당기고 오른손은 동시에 상대방의 왼쪽 팔꿈치를
막아 랄법으로 이끌고 왼쪽 발끝을 바깥쪽으로 돌려 랄경에 힘을 더해 상대방의
왼쪽 팔꿈치 관절을 공격한다.

4. 시선은 불변하고 신법은 왼쪽으로 돌려 가슴을 동북쪽으로 향한다. 양쪽 다리는
경을 가라앉히고 보형은 불변한다. 왼손은 순전하여 장으로 변화시켜 호근으로 들
어 올린다. 손바닥은 위를 향하고 중지는 오른쪽 전방 위로 비스듬히 치켜세운다.
오른손은 외측으로 돌려 원을 그리며 호저에서 동남쪽 호정으로 들어 올린다. 손
바닥은 위로 향하고 중지는 동남쪽 위로 비스듬히 치켜세운다.

작용: 좌합우개열법(左合右開挒法)

상대가 좌채우람붕법의 공세를 무력화하고 왼쪽 팔꿈치와 어깨 고법으로 상체를 공격하면 왼손의 동작을 더욱 견고하게 돌려 잡고 오른쪽 전완 부위와 배합하여 열법으로 공격한다.

5. 시선은 불변하고 신법은 오른쪽으로 돌려 가슴을 동남쪽으로 향한다. 오른쪽 다리는 경을 가라앉히고 왼쪽 다리는 오른쪽 다리 내측을 향해 반보 당겨 좌후허보를 만든다. 양손은 동시에 내측으로 돌리며 팔꿈치를 가라앉혀 동남쪽 호점으로 밀어낸다. 손바닥은 모두 동남쪽을 향하고 중지는 위쪽을 향한다.

작용: 근보쌍안법(跟步雙按法)

상대가 열법을 무력화하고 다리가 앞으로 나오면 그 흐름을 타고 왼쪽 다리를 앞으로 당겨 양손으로 상대방 상체를 밀어낸다.

요점

제1, 제2동작 보법은 허실 나눔이 분명해야 한다.

제3, 제4동작에서 양손의 거리는 반팔 너비를 유지해야 하고 회전할 때 항상 같은 간격을 유지한다.

제4동작에서는 왼손과 오른팔의 분력을 이용하여 열법과 나법의 공세를 하나로 완성한다.

제5동작에서 오른발을 축으로 왼발을 근보로 당길 때 신체중정이 쏠리지 않도록 하여 전·후·좌·우·상·하의 붕경이 유지되도록 한다.

54. 단편(單鞭)

모두 5동작의 분해 동작이다.

1. 시선은 불변하고 신법은 오른쪽으로 돌려 가슴을 남쪽으로 향한다. 오른쪽 다리는 고관절의 경을 가라앉히고 보형은 불변한다. 오른손은 순전하여 내측 아래로 원을 그리며 호근으로 당기고 손바닥은 위로 향하고 중지는 앞쪽으로 비스듬히 치켜세운다. 왼손은 신법을 따라 순전하여 호첨으로 이동하고 손바닥은 위로 향하며 중지는 왼쪽 앞쪽으로 비스듬히 치켜세운다.

작용: 우채좌안붕법(右采左按掤法)
만약 상대가 전나 후에 제법 혹은 안법으로 공격하면 나는 순세로 손을 내측으로 모으며 상대의 힘을 무력화하고 채법으로 당기며 안법으로 공격한다.

2. 시선은 신법을 따라 동북쪽을 보고 신법은 왼쪽으로 돌려 가슴을 동북쪽으로 향한다. 오른쪽 다리는 발뒤꿈치를 축으로 발끝을 안쪽으로 당긴다. 왼쪽 다리는 고관절의 경을 가라앉히고 발끝을 축으로 발뒤꿈치를 안쪽으로 당긴다. 오른손은 아래로 원을 그리며 호첨으로 펼치며 구수로 변화시키고 구(勾)의 끝은 아래로 향한다. 왼손은 역전하여 팔꿈치를 가라앉히고 신법을 따라 호근으로 당기고 손바닥은 남쪽을 향하며 중지는 오른쪽 전방 위쪽으로 비스듬히 치켜세운다.

작용: 좌채우붕열법(左采右掤挒法)

만약 상대가 나의 오른팔을 비틀어 잡으려 하면 왼손으로 상대방의 왼쪽 손목을
돌려 잡아 늑골 부위로 당기고 동시에 오른쪽 팔뚝 부위로 상대방의 왼쪽 팔꿈치
관절을 흔들어 튕겨낸다.

3. 시선은 불변하고 신법은 오른쪽으로 돌려 가슴을 동남쪽으로 향한다. 오른쪽 다리
는 고관절의 경을 가라앉혀 견고하게 세운다. 왼쪽 다리는 북쪽으로 나아가 측마
보를 만든다. 오른손 구수는 그대로 유지하고 왼손은 신법을 따라 손바닥을 서남
쪽으로 향하며 중지는 위로 비스듬히 치켜세운다.

작용: 진좌퇴좌견고법(進左腿左肩靠法)

만약 상대가 나의 왼쪽 전방에서 양손 안법으로 공격하면 나는 왼쪽 다리가 나아
가 왼쪽 어깨와 팔꿈치로 상대의 공격을 무력화하며 상대방의 몸통 부위를 공격
한다.

4. 시선은 불변하고 신법은 왼쪽으로 돌려 가슴을 동북쪽으로 향한다. 왼쪽 다리는 마
보를 지나며 경을 가라앉힌다. 오른쪽 다리는 고관절을 열며 발뒤꿈치를 축으로 발
끝을 안쪽으로 감고 측마보를 만든다. 왼손은 신법을 따라 역전하여 호첨으로 펼치

고 손바닥은 좌측 전방 아래로 비스듬히 향하며 중지는 오른쪽 전방 위로 비스듬히
치켜세운다. 오른손은 역전하고 구수의 끝은 뒤쪽 아래로 비스듬히 향한다.

작용: 고주제법(靠肘擠法)
상대가 나의 고법을 무력화하면 그 흐름을 타고 신법을 왼쪽으로 돌려 왼쪽 어깨
와 팔꿈치 그리고 손을 연환하여 몸통 부위를 공격한다.

5. 시선은 불변하고 신법은 오른쪽으로 돌려 가슴을 동쪽으로 향한다. 양쪽 다리는
   신법을 따라 경을 가라앉히고 보형은 불변한다. 오른손 구수는 순전하여 구수의
   끝은 아래를 향한다. 왼손은 순전하여 호첨으로 밀고 손바닥은 동북쪽을 향하고
   중지는 위로 비스듬히 치켜세운다.

작용: 좌안법(左按法)
만약 상대가 나의 왼쪽 공격을 무력화하면 그 흐름을 타고 오른쪽으로 신법을 돌
려 왼손 안법으로 상대의 몸통 부위를 공격한다.

요점
제4동작 시 몸통이 기울거나 팔꿈치가 들려 상대의 힘과 부딪치지 않도록 주의한다.

55. 중운수(中雲手)

모두 10개의 분해 동작이다.

1. 시선은 동북쪽을 보고 신법은 왼쪽으로 돌려 가슴을 동북쪽으로 향한다. 양쪽 다리는 고관절의 경을 가라앉히고 측마보를 유지한다. 왼손은 역전하여 바깥쪽 위로 원을 그리며 서북쪽 호정으로 펼치고 손바닥은 서북쪽을 향하고 중지는 왼쪽으로 비스듬히 치켜세운다. 오른손은 순전하여 장형으로 만들고 아래로 원을 그리며 호근으로 당기고 손바닥은 서북쪽을 향하고 중지는 앞쪽으로 비스듬히 치켜세운다.

작용: 좌수채붕법(左手采掤法)
상대가 나의 공격을 무력화하여 다시 밀어 공격하면 나는 신법을 왼쪽으로 돌려 왼쪽 팔꿈치 혹은 전완 부위로 횡으로 밀어 상대의 몸통과 가슴을 공격한다.

2. 시선은 불변하고 신법은 오른쪽으로 돌려 가슴을 동쪽으로 향한다. 오른쪽 다리는 고관절의 경을 가라앉히고 왼쪽 다리는 고관절을 열어 마보를 만든다. 왼손은 아래로 원을 그리고 배꼽 부위를 지나 호근으로 모으고 손바닥은 서남쪽을 향하며 중지는 오른쪽으로 비스듬히 치켜세운다. 오른손은 역전하여 바깥쪽 위로 원을 그리며 동남쪽 호정으로 펼치고 손바닥은 동남쪽을 향하고 중지는 위로 비스듬히 치켜세운다.

작용: 좌전신좌랄붕법(左轉身左捋掤法)

상대가 왼쪽 공세를 무력화하고 밀어 공격해 오면 나는 신법을 오른쪽으로 돌려 팔꿈치를 가라앉혀 무력화시킨다. 또는 상대가 허리 부위를 잡으려 하면 상대의 오른쪽 전완 혹은 팔꿈치 부위를 눌러 공격한다.

3. 시선은 불변하고 신법은 왼쪽으로 돌려 가슴을 동북쪽으로 향한다. 왼쪽 다리는 고관절의 경을 가라앉히고 오른쪽 다리는 왼발 뒤로 당겨 후허보를 만든다. 왼손은 역전하여 바깥쪽 위로 원을 그리며 동북쪽 호정으로 펼치고 손바닥은 동북쪽을 향하고 중지는 앞쪽으로 비스듬히 치켜세운다. 오른손은 역전하여 바깥쪽 아래로 원을 그리며 호근으로 모으고 손바닥은 서북쪽을 향하고 중지는 오른쪽으로 비스듬히 치켜세운다.

작용: 진보좌고주제법(進步左靠肘擠法)

상대가 팔꿈치를 가라앉혀 공격을 무력화하고 제법으로 공격하면 그 흐름을 타고 신법을 왼쪽으로 돌려 오른쪽 다리를 당기고 왼쪽 어깨 고법, 주법, 제법으로 상대의 몸통 부위를 연환하여 공격한다.

4. 시선은 불변하고 신법은 오른쪽으로 돌려 가슴을 동쪽으로 향한다. 왼쪽 다리는

고관절의 경을 가라앉히고 오른쪽 다리는 왼쪽 다리 뒤로 나아가 헐보를 만든다.
왼손은 역전하여 바깥쪽 위로 원을 그리면서 호저로 모으고 손바닥은 동남쪽을 향
하며 중지는 위로 비스듬히 치켜세운다. 오른손은 순전하여 안쪽으로 원을 그리며
동남쪽 호정으로 펼치고 손바닥은 동남쪽을 향하고 중지는 위로 비스듬히 치켜세
운다.

작용: 진보좌랄붕법(進步左将掤法)

만약 상대가 나의 왼쪽 전방에서 오른쪽 권으로 나의 왼쪽 늑골 부위를 공격하면
나는 오른쪽 다리가 나아가 왼쪽 전완 혹은 팔꿈치 부위로 상대방의 오른쪽 전완
혹은 오른쪽 팔꿈치 부위를 막아 횡으로 밀고 상대의 오른쪽 권의 공세를 무력화
한다.

5. 시선은 불변하고 신법은 오른쪽으로 돌려 가슴을 동쪽으로 향한다. 오른쪽 다리는
고관절의 경을 가라앉히고 왼쪽 다리는 북쪽으로 나아가 마보를 만든다. 왼손은
아래로 원을 그리며 배꼽 부위를 지나 호근으로 모으고 손바닥은 서남쪽을 향하며
중지는 오른쪽으로 비스듬히 치켜세운다. 오른손은 역전하여 바깥쪽 위로 원을 그
리며 동남쪽 호정으로 펼치고 손바닥은 동남쪽을 향하며 중지는 위로 비스듬히 치
켜세운다.

작용: 좌전신좌랄붕법(左轉身左捋掤法)

상대가 왼쪽 공세를 무력화하고 밀어 공격해 오면 나는 신법을 오른쪽으로 돌려 팔꿈치를 가라앉혀 무력화한다. 오른손은 위로 당겨 협조한다.

6. 시선은 불변하고 신법은 왼쪽으로 돌려 가슴을 동북쪽으로 향한다. 왼쪽 다리는 고관절의 경을 가라앉히고 오른쪽 다리는 왼발 뒤로 당겨 후허보를 만든다. 왼손은 역전하여 바깥쪽 위로 원을 그리며 동북쪽 호정으로 펼치고 손바닥은 동북쪽을 향하고 중지는 앞쪽으로 비스듬히 치켜세운다. 오른손은 역전하여 바깥쪽 아래로 원을 그리며 호근으로 모으고 손바닥은 서북쪽을 향하고 중지는 오른쪽으로 비스듬히 치켜세운다.

작용: 진보좌고주제법(進步左靠肘擠法)

상대가 팔꿈치를 가라앉혀 공격을 무력화하고 제법으로 공격하면 그 흐름을 타고 신법을 왼쪽으로 돌려 오른쪽 다리를 당기고 왼쪽 어깨 고법, 주법, 제법으로 상대의 몸통 부위를 연환하여 공격한다.

7. 시선은 불변하고 신법은 오른쪽으로 돌려 가슴을 동쪽으로 향한다. 왼쪽 다리는 고관절의 경을 가라앉히고 오른쪽 다리는 왼쪽 다리 뒤로 나아가 헐보를 만든다. 왼손은 역전하여 바깥쪽 위로 원을 그리면서 호저로 모으고 손바닥은 동남쪽을 향하며 중지는 위로 비스듬히 치켜세운다. 오른손은 순전하여 안쪽으로 원을 그리며 동남쪽 호정으로 펼치고 손바닥은 동남쪽을 향하고 중지는 위로 비스듬히 치켜세운다.

작용: 진보좌랄붕법(進步左捋掤法)

만약 상대가 나의 왼쪽 전방에서 오른쪽 권으로 나의 왼쪽 늑골 부위를 공격하면 나는 오른쪽 다리가 나아가 왼쪽 전완 혹은 팔꿈치 부위로 상대방의 오른쪽 전완 혹은 오른쪽 팔꿈치 부위를 막아 횡으로 밀고 상대의 오른쪽 권의 공세를 무력화 한다.

8. 시선은 불변하고 신법은 오른쪽으로 돌려 가슴을 동쪽으로 향한다. 오른쪽 다리는 고관절의 경을 가라앉히고 왼쪽 다리는 북쪽으로 나아가 마보를 만든다. 왼손은 아래로 원을 그리며 배꼽 부위를 지나 호근으로 모으고 손바닥은 서남쪽을 향하며 중지는 오른쪽으로 비스듬히 치켜세운다. 오른손은 역전하여 바깥쪽 위로 원을 그리며 동남쪽 호정으로 펼치고 손바닥은 동남쪽을 향하며 중지는 위로 비스듬히 치켜세운다.

작용: 좌전신좌랄붕법(左轉身左捋掤法)

상대가 왼쪽 공세를 무력화하고 밀어 공격해 오면 나는 신법을 오른쪽으로 돌려 팔꿈치를 가라앉혀 무력화한다. 오른손은 위로 당겨 협조한다.

9. 시선은 불변하고 신법은 왼쪽으로 돌려 가슴을 동북쪽으로 향한다. 왼쪽 다리는 고관절의 경을 가라앉히고 오른쪽 다리는 왼발 뒤로 당겨 후허보를 만든다. 왼손은 역전하여 바깥쪽 위로 원을 그리며 동북쪽 호정으로 펼치고 손바닥은 동북쪽을 향하고 중지는 앞쪽으로 비스듬히 치켜세운다. 오른손은 역전하여 바깥쪽 아래로 원을 그리며 호근으로 모으고 손바닥은 서북쪽을 향하고 중지는 오른쪽으로 비스듬히 치켜세운다.

작용: 진보좌고주제법(進步左靠肘擠法)
상대가 팔꿈치를 가라앉혀 공격을 무력화하고 제법으로 공격하면 그 흐름을 타고 신법을 왼쪽으로 돌려 오른쪽 다리를 당기고 왼쪽 어깨 고법, 주법, 제법으로 상대의 몸통 부위를 연환하여 공격한다.

10. 시선은 불변하고 신법은 오른쪽으로 돌려 가슴을 동쪽으로 향한다. 왼쪽 다리는 고관절의 경을 가라앉히고 오른쪽 다리는 왼쪽 다리 뒤로 나아가 헐보를 만든다. 왼손은 역전하여 바깥쪽 위로 원을 그리면서 호저로 모으고 손바닥은 동남쪽을 향하며 중지는 위로 비스듬히 치켜세운다. 오른손은 순전하여 안쪽으로 원을 그리며 동남쪽 호정으로 펼치고 손바닥은 동남쪽을 향하고 중지는 위로 비스듬히 치켜세운다.

작용: 진보좌랄붕법(進步左捋掤法)

만약 상대가 나의 왼쪽 전방에서 오른쪽 권으로 나의 왼쪽 늑골 부위를 공격하면 나는 오른쪽 다리가 나아가 왼쪽 전완 혹은 팔꿈치 부위로 상대방의 오른쪽 전완 혹은 오른쪽 팔꿈치 부위를 막아 횡으로 밀고 상대의 오른쪽 권의 공세를 무력화 한다.

56. 쌍파련각(雙擺蓮脚)

모두 2개의 분해 동작이다.

1. 시선은 남쪽을 보고 신법은 먼저 오른쪽으로 돌리고 다시 왼쪽으로 돌려 가슴을 동쪽으로 향한다. 오른쪽 다리는 경을 가라앉혀 견고하게 세운다. 왼쪽 다리는 오른쪽으로 돌릴 때 북쪽으로 나아가 측마보를 만들고 다시 왼쪽으로 돌릴 때 경을 가라앉혀 마보를 만든다. 왼손은 오른쪽으로 돌릴 때 순전하여 안쪽 위로 원을 그리고 동북쪽 호정으로 모으고 다시 왼쪽으로 돌릴 때 역전하여 배꼽 부위로 모으고 손바닥은 아래쪽을 향하며 중지는 남쪽으로 비스듬히 치켜세운다. 오른손은 오른쪽으로 돌릴 때 역전하여 위로 원을 그리며 남쪽 호첨으로 펼치고 다시 왼쪽으로 돌릴 때 오른쪽 늑골 부위 아래로 내려 손바닥은 동쪽을 향하고 중지는 남쪽으로 비스듬히 치켜세운다.

작용: 퇴보좌붕법(退步左掤法)

상대가 팔꿈치를 가라앉혀 무력화하고 제법으로 공격하면 오른쪽 다리를 퇴보로 빼고 왼손으로 상대의 오른쪽 전완 혹은 오른쪽 팔꿈치 부위를 오른쪽으로 밀어 상대의 공세를 무력화한다.

2. 시선은 불변하고 신법은 왼쪽으로 돌려 가슴을 동북쪽으로 향한다. 왼쪽 다리는 고관절의 경을 가라앉혀 견고하게 세운다. 오른쪽 다리는 동남쪽 위로 원을 그리며 오른쪽 발등으로 좌우 손바닥을 소리 나게 치고 독립보를 만든다. 양손 손바닥모두 동쪽을 향하고 중지는 동남쪽으로 비스듬히 치켜세운다.

작용: 우퇴외파척법(右腿外擺踢法)
상대가 팔꿈치를 가라앉혀 무력화하면 상대의 흐름을 타고 오른쪽 다리를 외파퇴법으로 상대의 머리를 공격한다.

57. 질차(跌岔)

모두 2개의 분해 동작이다.

1. 시선은 북쪽을 보고 신법은 왼쪽으로 돌려 가슴을 동북쪽으로 향한다. 왼쪽 다리는 경을 가라앉히고 오른쪽 다리는 왼발 뒤쪽으로 진각으로 내려 양쪽 다리는 병보 자세를 만든다. 왼손은 순전하여 안쪽 위로 원을 그리며 호근으로 모으고 손바닥은 동남쪽을 향하고 중지는 위로 비스듬히 치켜세운다. 오른손은 순전하여 안쪽아래로 원을 그리며 왼쪽 손목 아래로 모으고 손바닥은 서북쪽을 향하고 중지는위로 비스듬히 치켜세운다.

작용: 병퇴우채좌랄붕법(幷腿右採左捋掤法)

만약 상대가 나의 좌측에서 오른쪽 권으로 나의 가슴 혹은 복부를 공격하면 오른 발을 내리고 오른손은 상대에 오른쪽 손목을 돌려 잡는다. 왼팔 전완 혹은 팔꿈치 부위로 상대의 오른쪽 전완 혹은 팔꿈치 부위를 횡으로 밀어 무력화한다.

2. 시선은 불변하고 신법은 오른쪽으로 돌려 가슴을 동쪽으로 향한다. 오른쪽 다리는 고관절의 경을 가라앉히고 왼쪽 다리는 뒤꿈치를 지면에 붙여 북쪽으로 뻗고 부보 를 만든다. 왼손은 권으로 바꿔 역전하여 아래로 원을 그리고 왼쪽 무릎 위쪽으로 펼치고 권심은 아래쪽을 향한다. 오른손은 권으로 만들어 역전하여 위로 원을 그 리고 동남쪽 호정으로 펼치며 권심은 동남쪽을 향한다.

작용: 우랄채좌권제법좌부퇴등법(右捋採左拳擠法左仆腿蹬法)

상대가 오른쪽 권의 공세를 무력화하고 다시 공격하면 오른손으로 상대에 오른쪽 손목을 돌려 잡고 위로 당겨 상대 오른손의 공격을 무력화하고 왼손으로 상대의 당부를 공격한다. 왼발은 동시에 상대의 오른쪽 발목 부위를 찬다.

58. 좌금계독립(左金鷄獨立)

모두 3개의 분해 동작이다.

1. 시선은 북쪽을 보고 신법은 왼쪽으로 돌려 가슴을 동북쪽으로 향한다. 왼쪽 다리는 고관절의 경을 가라앉혀 견고하게 세우고 오른쪽 다리는 무릎을 들어 마보를 만든다. 왼쪽 권은 순전하여 북쪽으로 충권으로 치고 권심은 위쪽을 향한다. 오른쪽 권은 순전하여 남쪽으로 손목을 뒤집어 권으로 펼치고 권심은 위쪽을 향한다.

작용: 좌권제법(左拳擠法)

상대가 당부를 뒤로 당겨 나의 우채, 좌권의 공세를 무력화하면 그 흐름을 타고 양쪽 무릎을 굽혀 왼쪽 권의 손목을 뒤집어 상대의 당부를 충권으로 공격한다.

2. 시선은 불변하고 신법은 계속 왼쪽으로 돌려 가슴을 북쪽으로 향한다. 왼쪽 다리는 뒤꿈치를 축으로 발끝을 바깥쪽으로 돌려 고관절의 경을 가라앉히고 오른쪽 다리는 북쪽으로 당겨 전허보를 만든다. 왼쪽 권은 역전하여 안쪽 위로 원을 그리며 호근으로 모으고 권심은 아래쪽을 향한다. 오른쪽 권은 권심을 위쪽으로 향하고 왼쪽 손목 아래로 모은다.

작용: 쌍수붕법(雙手掤法)

상대가 나의 왼쪽 손목을 잡아 팔꿈치를 가라앉혀 무력화하면 그 흐름을 타고 오른쪽 다리가 나아가 붕법으로 대항한다.

3. 시선과 신법은 불변하고 왼쪽 다리는 고관절의 경을 가라앉혀 견고하게 세우고 오른쪽 다리는 무릎을 들어 독립보를 만든다. 왼손은 역전하여 장형으로 만들고 왼쪽 고관절 바깥쪽에 누르고 손바닥은 아래를 향하고 중지는 앞쪽으로 치켜세운다. 오른쪽 권은 장형으로 만들어 역전하여 머리 위로 나선형으로 돌리며 들어 올린다.

작용: 좌인붕법우상탁안법우슬타법(左引掤法右上托按法右膝打法)

상대가 나의 왼쪽 손목을 잡아 비틀고 밀어 누르면 나는 왼손을 아래로 당기고 동시에 오른손으로 상대의 아래턱을 쳐올리며 오른쪽 무릎은 상대의 당부를 위로 가격한다.

59. 우금계독립(右金鷄獨立)

모두 5개의 분해 동작이다.

1. 시선은 북쪽을 보고 신법은 불변하고 가슴을 북쪽으로 향한다. 오른쪽 다리는 진각으로 밟고 마보를 만든다. 왼손은 역전하여 서북쪽 호정으로 펼치고 다시 역전하여 배꼽 부위로 모으고 권형으로 만들어 권심은 아래쪽으로 향한다. 오른손은 배꼽 부위로 당기고 권심은 아래로 향한다.

작용: 우퇴타단법(右腿跺踹法)

상대가 복부를 뒤로 당겨 나의 무릎 공세를 무력화하면 나는 오른쪽 다리에 경을 실어 상대의 발등을 밟는 공격을 가한다. 양손은 당겨 방어한다.

2. 시선은 불변하고 신법은 오른쪽으로 돌려 가슴을 동북쪽으로 향한다. 오른쪽 다리는 고관절의 경을 가라앉혀 내측으로 접고 보형은 불변한다. 왼쪽 권은 순전하여 북쪽으로 충권을 치고 권심은 위로 향한다. 오른쪽 권은 순전하여 배꼽 부위에서 자전하고 권심은 위로 향한다.

작용: 좌랄붕법(左捋掤法)

상대가 발을 빼며 발로 밟는 공격을 무력화하고 오른쪽 권으로 나의 복부를 공격하면 나는 왼쪽 전완 혹은 팔꿈치 부위로 상대의 오른쪽 전완 혹은 팔꿈치 부위를 횡으로 밀고 상대방의 공격을 무력화한다.

3. 시선은 불변하고 신법은 왼쪽으로 돌려 가슴을 서북쪽으로 향한다. 왼쪽 다리는 고관절의 경을 가라앉히고 오른쪽 다리는 동남쪽으로 퇴보로 빠져 측마보를 만든다. 왼쪽 권은 역전하여 바깥쪽 위로 원을 그리고 서북쪽 호첨으로 펼치고 권심은 아래로 향한다. 오른쪽 권은 역전하여 왼쪽 전완 내측에 붙이고 왼쪽 권과 동시에 펼치며 권심은 아래쪽을 향한다.

작용: 퇴보좌제법(退步左擠法)

상대가 손을 뻗어 당겨 방어하면 상대의 흐름을 타고 오른쪽 다리가 퇴보로 빠지며 왼손으로 상대의 몸통 부위를 공격한다. 오른손은 보조하여 돕는다.

4. 시선은 불변하고 신법은 오른쪽으로 돌려 가슴을 북쪽으로 향한다. 오른쪽 다리는 고관절의 경을 가라앉히고 왼쪽 다리는 퇴보로 당겨 마보를 만든다. 왼쪽 권은 순전하여 안쪽 아래로 원을 그리며 팔꿈치를 늑골 부위에 붙이고 권심은 동남쪽으로 향한다. 오른쪽 권은 역전시켜 배꼽 부위로 모으고 권심은 아래로 향한다.

작용: 좌퇴대소법(左腿帶掃法)

상대가 몸을 돌려 퇴보좌제법을 무력화하면 상대의 흐름을 타고 왼쪽 다리로 상대의 다리를 쓸어 당긴다. 양손은 몸쪽으로 당겨 방어한다.

5. 시선과 신법은 불변한다. 오른쪽 다리는 고관절의 경을 가라앉히고 견고하게 세우고 왼쪽 다리는 무릎을 들어 독립보를 만든다. 왼손은 장형을 만들고 위로 나선형으로 돌리며 손바닥은 위쪽을 향하고 중지는 오른쪽으로 비스듬히 치켜세운다. 오른손은 장형으로 만들어 역전하여 오른쪽 고관절 바깥쪽 아래로 누르고 손바닥은 아래로 향하며 중지는 북쪽으로 향한다.

작용: 우인붕법좌상탁안법좌슬타법(右引掤法左上托按法左膝打法)

상대가 발을 들어 왼쪽 다리의 대소법을 무력화하고 발이 나아가 오른쪽 권으로 나의 복부를 공격하면 나는 오른손으로 상대의 오른손을 오른쪽으로 당겨 무력화하며 왼손으로 상대의 아래턱을 쳐올리며 왼쪽 무릎으로 상대의 당부를 쳐올러 공격한다.

60. 도권굉(倒卷肱)

모두 3개의 분해 동작이다.

1. 시선은 불변하고 신법은 계속 왼쪽으로 돌려 가슴을 서쪽으로 향한다. 왼쪽 다리는 경을 가라앉혀 남쪽으로 퇴보로 빠지고 오른쪽 다리는 발바닥을 지면에 붙이고 남쪽으로 빠르게 퇴보로 당겨 마보를 만든다. 왼손은 순전하여 원을 그리며 파형으로 잡고 호저로 내리고 다시 역전하여 장형으로 만들고 서남쪽 호첨으로 안장으로 밀어 손바닥은 서남쪽으로 향하고 중지는 위로 치켜세운다. 오른손은 역전하여 위로 원을 그리며 오른뺨 부위로 당겨 북쪽으로 밀어낸다. 손바닥은 북쪽을 향하고 중지는 비스듬히 위로 치켜세운다.

작용: 좌채법우굉열법우퇴소법(左采法右肱捌法右腿掃法)

상대가 왼손에 힘을 가해 공격하면 나는 왼손의 채법으로 당기고 동시에 오른쪽 팔뚝 혹은 전완 부위로 상대의 왼쪽 팔꿈치 관절을 열법으로 흔들어 떨쳐낸다. 오른쪽 다리는 상대방의 왼발이 나올 때 오른발 내측으로 상대방의 왼발 뒤꿈치를 쓸어 당겨 상대가 중심을 잃게 한다.

2. 시선은 불변하고 신법은 오른쪽으로 돌려 가슴을 동쪽으로 향한다. 오른발은 남쪽으로 퇴보로 빠지고 왼발은 발뒤꿈치를 축으로 발끝을 안쪽으로 돌려 당기고 마보를 만든다. 오른손은 순전하여 원을 그리며 파형으로 잡아 배꼽 부위로 당기고 다시 역전하여 장형으로 만들어 동남쪽 호첨으로 안장으로 밀고 손바닥은 동남쪽으로 향하고 중지는 위로 치켜세운다. 왼손은 순전하여 왼뺨 부위로 당겨 북쪽 호첨으로 밀어낸다. 손바닥은 북쪽을 향하고 중지는 위쪽으로 비스듬히 치켜세운다.

작용: 우수채법좌굉열법좌퇴소법(右手采法左肱捌法左腿掃法)

상대가 오른발이 나아가 오른쪽 권으로 공격하면 나는 오른손의 채법으로 당겨 왼쪽 팔뚝 혹은 전완 부위로 상대의 팔꿈치 관절을 열법으로 흔들어 떨쳐낸다. 왼쪽 다리는 상대방 오른발이 나올 때 왼발 내측으로 상대방의 오른발 뒤꿈치를 쓸어 당겨 상대가 중심을 잃게 한다.

3. 시선은 동북쪽을 보고 신법은 계속 오른쪽으로 돌리고 다시 왼쪽으로 돌려 가슴을 서북쪽으로 향한다. 왼쪽 다리는 서남쪽 뒤로 빼며 고관절의 경을 가라앉히며 내측으로 접는다. 오른쪽 다리는 퇴보로 반보를 당겨 마보를 만든다. 왼손은 순전하여 안쪽 위로 원을 그리고 왼손은 동북쪽 호정으로 들어 올려 다시 배꼽 부위로 당겨 파형을 만들고 배꼽 부위에서 자전한다. 오른손은 순전하여 서남쪽으로 들어올렸다가 오른뺨 부위로 감아 당겨 동북쪽 호첨으로 밀고 손바닥은 동북쪽을 향하고 중지는 위쪽으로 비스듬히 치켜세운다.

작용: 퇴보좌채우소퇴우굉열법(退步左采右掃腿右肱捌法)
상대가 팔꿈치를 가라앉혀 무력화하고 제법으로 공격하면 그 흐름을 타고 왼쪽 파법을 강화하며 오른쪽 팔뚝의 탄두경을 더하여 평열법과 안법으로 공격한다. 오른쪽 다리로 상대의 왼쪽 다리를 끌어당겨 중심을 잃게 한다.

요점

이 식은 21식 도권굉의 1·2동작이 합쳐져 하나의 동작이고, 3·4동작이 합쳐져 하나의 동작이며, 5·6·7동작이 합쳐져 하나의 동작으로 행하여진다.

초수와 도권굉의 두 가지 동작은 퇴보로 민첩하게 후퇴하며 중심을 깨는 동작이다. 이런 보법은 몸의 상하, 전후, 좌우, 음양허실과 상대상등하며 합일되는 보법이다.

61. 좌진보제(左進步擠)

모두 2개의 분해 동작이다.

1. 시선은 북쪽을 보고 신법은 오른쪽으로 돌려 가슴을 동쪽으로 향한다. 왼쪽 다리
는 고관절의 경을 가라앉히고 오른쪽 다리는 왼발 뒤꿈치 뒤로 퇴보로 당기고 양
쪽 발은 T자 형태로 모은다. 왼손은 장형을 만들고 역전하여 바깥쪽 아래로 원을
그리면서 호정을 지나 호근으로 모으고 손바닥은 서남쪽을 향하고 중지는 위로 비
스듬히 치켜세운다. 오른손은 순전하여 안쪽 아래로 원을 그리며 왼손 아래로 모
으고 손바닥은 서북쪽으로 향하고 중지는 위로 비스듬히 치켜세운다.

작용: 좌랄붕법(左捋掤法)
상대가 왼쪽 팔꿈치를 가라앉혀 공격을 무력화하고 오른손으로 밀어 공격하면 오
른쪽 다리를 퇴보로 당기고 오른손으로 상대의 오른쪽 손목을 돌려 잡고 왼손은
상대 오른손의 공세를 랄법으로 당겨 공격한다.

2. 시선은 불변하고 신법은 왼쪽으로 돌려 가슴을 동북쪽으로 향한다. 오른쪽 다리는
고관절의 경을 가라앉히고 왼쪽 다리는 북쪽으로 나아가 측마보를 지나 마보를 만
든다. 양손은 역전하여 바깥쪽 아래로 원을 그리고 왼손은 북쪽 호저로 오른손은 동
남쪽 호저로 펼치고 손바닥은 모두 아래쪽을 향하며 중지는 앞쪽으로 치켜세운다.

작용: 진보좌제법(進步左擠法)
상대가 팔꿈치를 가라앉혀 공격을 무력화하면 그 흐름을 타고 왼쪽 다리가 나아가

전완과 손으로 상대의 복부를 공격한다.

62. 순란주(順攔肘)

모두 2개의 분해 동작이다.

1. 시선은 남쪽을 보고 신법은 불변하며 가슴을 동북쪽으로 향한다. 왼쪽 다리는 고
관절 내측의 경을 가라앉히고 오른쪽 다리는 북쪽으로 쓸어 당기고 마보를 만든
다. 왼손은 순전하여 안쪽 위로 원을 그리고 가슴 앞으로 모으고 손바닥은 서남쪽
위를 향하고 중지는 위로 비스듬히 치켜세운다. 오른손은 순전하여 위로 원을 그
리고 동남쪽 호정으로 펼쳐 손바닥은 동북쪽 위로 향하며 중지는 남쪽으로 비스듬
히 치켜세운다.

작용: **퇴보우붕법(退步右掤法)**
만약 상대가 나의 오른쪽 후방에서 왼쪽 권으로 오른쪽 늑골 부위를 공격하면 오
른발을 쓸어 당겨 상대가 균형을 잃도록 하고 동시에 오른쪽 전완 혹은 팔꿈치로
상대의 왼쪽 전완 혹은 팔꿈치 부위를 밀고 상대의 공세를 무력화한다.

2. 시선은 불변하고 신법은 먼저 왼쪽으로 돌리고 다시 오른쪽으로 돌려 가슴을 동쪽
으로 향한다. 오른쪽 다리는 왼쪽으로 돌릴 때 남쪽으로 나아가고 다시 오른쪽으
로 돌릴 때 왼쪽 다리를 당겨 마보를 만든다. 양손은 신법을 왼쪽으로 돌릴 때 순
전하여 호근으로 모으고 다시 신법을 오른쪽으로 돌릴 때 양쪽 팔꿈치를 동시에
남쪽(오른쪽)과 북쪽(왼쪽)으로 힘을 가해 친다.

작용: 진보우주법(進步右肘法)

상대의 왼쪽 공세를 무력화하고 왼손으로 상대의 왼쪽 손목을 돌려 잡고 호근으로 당기고 오른쪽 전완 부위로 상대의 왼쪽 팔꿈치를 횡으로 밀고 다시 오른쪽 다리가 나아가 오른쪽 팔꿈치로 상대에 늑골 부위를 가격한다. 왼쪽 팔꿈치는 협조하여 돕는다.

63. 백학량시(白鶴亮翅)

모두 2개의 분해 동작이다.

1. 시선은 동북쪽을 보고 신법은 왼쪽으로 돌려 가슴을 동북쪽으로 향한다. 왼쪽 다리는 발뒤꿈치를 축으로 발끝을 바깥쪽으로 돌리고 견고하게 세운다. 왼손은 역전하여 바깥쪽 아래로부터 원을 그리며 호저로 펼치고 손바닥은 아래쪽을 향하고 중지는 오른쪽으로 비스듬히 치켜세운다. 오른손은 역전하여 바깥쪽 위로 원을 그리고 동남쪽 호정으로 펼치며 손바닥은 동남쪽을 향하고 중지는 위로 비스듬히 치켜세운다.

작용: 좌하제법(左下擠法)

만약 상대가 나의 왼쪽에서 권으로 허리 부위를 공격하면 신법을 왼쪽으로 돌리고 왼쪽 전완으로 상대의 왼쪽 팔꿈치 부위를 횡으로 밀고 무력화한다.

2. 시선은 북쪽을 보고 신법은 먼저 왼쪽으로 돌리고 다시 오른쪽으로 돌려 가슴을 북쪽으로 향한다. 오른쪽 다리는 신법을 왼쪽으로 돌릴 때 발뒤꿈치를 동쪽으로 내리고 다시 신법을 오른쪽으로 돌릴 때 오른쪽 고관절의 경을 가라앉히고 왼쪽 다리를 당겨 전허보를 만든다. 왼손은 역전하여 바깥쪽 아래 호저로 펼치고 손바닥은 아래쪽을 향하고 중지는 앞쪽으로 비스듬히 치켜세운다. 오른손은 역전하여 아래쪽으로 원을 그리며 호근으로 당기고 동북쪽 호정으로 펼친다. 손바닥은 동북쪽을 향하며 중지는 왼쪽으로 비스듬히 치켜세운다.

작용: 우고상채좌안붕법(右靠上采左按掤法)

만약 상대가 나의 오른쪽에서 밀어 공격하면 팔꿈치를 가라앉혀 무력화하고 상대의 가슴 또는 복부를 고법으로 공격한다. 동시에 왼발을 당기며 오른팔의 붕법으로 상대의 몸통 부위를 공격한다.

64. 루슬요보(摟膝拗步)

모두 5개의 분해 동작이다.

1. 시선은 불변하고 신법은 왼쪽으로 돌려 가슴을 서북쪽으로 향한다. 양쪽 다리는 고관절의 경을 가라앉히고 보형은 불변한다. 왼손은 순전하여 서남쪽 호정으로 펼

치고 손바닥은 위쪽을 향하며 중지는 서남쪽으로 비스듬히 치켜세운다. 오른손은 호첨으로 손바닥을 밀며 호정으로 들어올리고 손바닥은 위쪽을 향하며 중지는 전방으로 비스듬히 치켜세운다.

작용: 우수인붕안법(右手引掤按法)
상대가 나의 채법을 무력화하면 그 흐름을 타고 왼쪽으로 몸을 돌리고 오른손으로 상대방의 오른쪽 손목을 안법으로 밀어낸다.

2. 시선은 불변하고 신법은 오른쪽으로 돌려 가슴을 동북쪽으로 향한다. 오른쪽 다리는 발끝을 바깥쪽으로 돌려 경을 가라앉힌다. 왼쪽 다리는 서북쪽을 향해 한 발 나아가 측마보를 만든다. 왼손은 순전하여 왼뺨 부위를 지나 호첨으로 손날을 내려친다. 팔꿈치는 늑골 부위에 위치하고 손바닥은 동남쪽을 향하며 중지는 왼쪽 전방으로 비스듬히 치켜세운다. 오른손은 역전하여 바깥쪽 아래로 원을 그리고 호저로 펼쳐 손바닥은 아래로 향하며 중지는 좌측 전방으로 비스듬히 치켜세운다.

작용: 진좌보우랄열법(進左步右挒捌法)
상대가 나의 안법의 공세를 무력화하고 밀어 공격하면 상대방의 오른팔을 끌어당기고 왼쪽 다리가 나아가 왼쪽 팔꿈치 부위로 랄법으로 이끌어 팔꿈치 관절을 공격한다.

3. 시선은 불변하고 신법은 왼쪽으로 돌려 가슴을 서북쪽으로 향한다. 왼쪽 다리는 경을 가라앉히고 마보를 거쳐 측마보를 만든다. 왼손은 순전하여 아래로 원을 그리며 무릎 아래를 지나며 구수로 잡고 호첨으로 펼치고 구수의 끝은 아래로 향한다. 오른손은 호정을 향해 장으로 펼치고 다시 순전하여 오른쪽 뺨 부위를 지나 가슴 앞으로 당기고 손바닥은 서남쪽을 향하며 중지는 비스듬히 치켜세운다.

작용: 좌수주제붕법(左手肘擠掤法)
상대가 오른쪽 팔꿈치를 가라앉혀 열법의 공격을 무력화하고 오른쪽 고주법으로 연환하여 나의 가슴과 복부를 공격하면 제법으로 막고 상대의 오른팔 공격을 무력화시킨다.

4. 시선은 북쪽을 보고 신법은 오른쪽으로 돌려 가슴을 동북쪽으로 향한다. 양쪽 고관절의 경을 가라앉혀 보형은 불변한다. 오른손은 역전하여 원을 그리며 호첨으로 펼친다. 손바닥은 아래로 향하고 중지를 왼쪽 전방으로 비스듬히 치켜세운다. 왼손은 구수를 유지하고 원위치에서 역전한다.

작용: 좌우제법(左右擠法)
상대방이 내 왼팔의 공격을 무력화하면 나는 왼팔의 제법을 더욱 강화하고 기회를 타고 오른손을 수평으로 펼쳐 상대방의 목 부위 또는 안면 부위를 공격한다. 왼손

은 조화를 이루며 평형으로 배합한다.

5. 시선은 불변하고 신법은 왼쪽으로 돌려 가슴을 북쪽으로 향한다. 양쪽 다리는 고관절의 경을 가라앉혀 견고하게 세우고 보형은 불변한다. 오른손은 순전하여 호첨으로 펼치고 손바닥은 북쪽을 향하며 중지는 오른쪽 전방으로 비스듬히 치켜세운다. 왼손 구수는 순전하여 손끝은 아래로 향한다.

작용: 우안법(右按法)

상대가 나의 오른팔 공격을 무력화하면 오른손 안법으로 상대방 목 또는 가슴 부위를 공격한다.

요점

2번 동작 시 양손 음양의 공력이 상대적으로 상등하게 발휘하여 합일되어야 한다.

65. 섬통배(閃通背)

모두 6개의 분해 동작이다.

1. 시선은 북쪽을 보고 신법은 오른쪽으로 돌려 가슴을 동북쪽으로 향한다. 오른쪽 고관절의 경을 가라앉히고 마보를 만든다. 왼손은 순전하여 장형으로 만들고 안쪽 아래로 원을 그리며 오른쪽 팔꿈치 부위로 모으고 손바닥은 아래쪽을 향하며 중지는 위로 비스듬히 치켜세운다. 오른손은 순전하여 오른쪽 팔꿈치의 경을 가라앉혀 오른쪽 늑골 부위로 당긴다.

작용: 우붕좌봉안법(右掤左封按法)

만약 상대가 오른쪽 전방에서 양손으로 나의 오른팔을 막아 누르면 그 흐름을 타고 오른쪽 팔꿈치를 오른쪽 늑골 부위로 돌리며 당기고 상대의 안법이 역공되게 만든다. 왼손은 오른쪽 팔꿈치를 밀고 있는 상대의 왼손을 덮어 막고 팔꿈치 공격과 협조하여 공격한다.

2. 시선은 불변하고 신법은 왼쪽으로 돌려 가슴을 서북쪽으로 향한다. 왼쪽 다리는 오른쪽 다리 내측을 지나 퇴보로 빠지고 오른쪽 다리를 당겨 마보를 만든다. 왼손은 순전하여 오른쪽 팔꿈치에서 파형을 만들고 파심은 아래쪽을 향한다. 오른손은 순전하여 손바닥을 뒤집어 손바닥은 위쪽을 향하고 중지는 북쪽으로 비스듬히 치켜세운다.

작용: 퇴보우주열법(退步右肘挒法)

상대가 다리를 앞으로 나아가 밀면 그 흐름을 타고 왼발이 퇴보로 빠지고 오른발을 당겨 왼손과 오른쪽 팔꿈치를 배합하여 열법으로 공격한다.

3. 시선은 불변하고 신법은 왼쪽으로 돌려 가슴을 서쪽으로 향한다. 오른쪽 다리는 북쪽으로 나아가고 왼쪽 다리는 당겨 마보를 만든다. 왼손의 파형은 오른쪽 팔꿈

치 부위에 위치하고 오른손은 북쪽 호첨으로 장을 찌르고 손바닥은 위쪽을 향하고 중지는 북쪽으로 비스듬히 치켜세운다.

작용: 진보우장제법(進步右掌擠法)
상대가 손을 빼고 방어하려 하면 그 흐름을 타고 앞으로 나아가 왼손은 계속 왼쪽 손목을 강하게 돌려 잡고 오른손으로 상대에 후두부를 찔러 공격한다.

4. 시선은 불변하고 신법은 오른쪽으로 돌려 가슴을 동북쪽으로 향한다. 오른쪽 다리 는 발뒤꿈치 축으로 발끝을 돌리고 왼쪽 다리는 북쪽으로 나아가 고관절의 경을 가라앉혀 마보를 만든다. 왼손은 순전하여 장형으로 만들고 북쪽 호저로 장을 찌르고 손바닥은 위를 향하고 중지는 북쪽으로 향한다. 오른손은 역전하여 호근으로 당겨 모으고 파형을 만들어 파심은 아래쪽을 향한다.

작용: 진보우인채좌수양조법(進步右引采左手佯抓法)
상대가 나의 공격을 밀어 무력화하면 그 흐름을 타고 왼쪽 다리가 나아가 오른손으로 상대의 오른손을 채법으로 당기고 왼손은 상대의 당부를 양동 공격한다.

5. 시선은 불변하고 신법은 오른쪽으로 돌려 가슴을 동쪽으로 향한다. 왼쪽 다리는 발뒤꿈치를 축으로 발끝을 안쪽으로 감아 당기고 내측마보를 만든다. 왼손은 순전

하여 북쪽 호정으로 장을 들어 올리고 손바닥은 위쪽을 향하고 중지는 북쪽으로 향한다. 오른손은 호근에서 파형을 유지한다.

작용: 우채좌굉좌견열법(右採左肱左肩挒法)
상대가 복부를 당겨 섬나법으로 왼손의 공세를 무력화하면 그 흐름을 타고 오른손은 상대방의 오른쪽 손목을 강하게 돌려 잡고 왼쪽 팔뚝과 어깨로 상대의 오른쪽 팔꿈치 관절을 위로 흔들어 탄두경으로 공격한다.

6. 시선은 서남쪽을 보고 신법은 오른쪽으로 돌려 가슴을 서남쪽으로 향한다. 왼쪽 다리는 오른발이 지면에 내릴 때 발뒤꿈치를 축으로 발끝을 안쪽으로 감아 당긴다. 오른쪽 다리는 서북쪽으로 퇴보로 빼고 마보를 만든다. 오른쪽 파형은 배꼽 부위로 내리고 파심은 아래쪽을 향한다. 왼손은 순전하여 안쪽 위로 원을 그리며 서남쪽 호저로 누르고 손바닥은 서쪽을 향하고 중지는 위로 비스듬히 치켜세운다.

작용: 퇴보우채좌견배고법(退步右採左肩背靠法)
상대가 진보로 나와 팔꿈치를 가라앉혀 공격을 무력화하면 그 흐름을 타고 몸을 오른쪽으로 돌려 오른쪽 다리를 퇴법으로 당기고 오른손은 상대의 오른쪽 손목을 돌려 잡아 배꼽 부위로 당기고 동시에 왼쪽 어깨와 등을 이용하여 오른쪽으로 돌리는 원심력(양)과 오른쪽 파법이 아래로 당기는 구심력(음)의 힘을 빌어 상대를 넘

어뜨린다.

66. 약보엄수굉추(躍步掩手肱捶)

모두 4개의 분해 동작이다.

1. 시선은 동남쪽을 보고 신법은 왼쪽으로 돌려 가슴을 다시 동남쪽으로 향한다. 오른쪽 다리는 왼쪽으로 돌릴 때 동남쪽으로 무릎을 높게 들고 왼쪽 다리는 동시에 동남쪽으로 뛰어오른다. 왼손은 왼쪽으로 돌릴 때 역전하여 바깥쪽 아래로 원을 그리며 동남쪽 호첨으로 펼치고 손바닥은 동남쪽을 향하고 중지는 위로 비스듬히 치켜세운다. 오른손은 왼쪽으로 돌릴 때 역전하여 배꼽 부위에서 서남쪽 호첨으로 펼치고 손바닥은 서남쪽을 향하고 중지는 위로 비스듬히 치켜세운다.

작용: 찬약좌붕우슬타법(躦躍左掤右膝打法)
상대가 나의 우채 좌견열법의 공세를 붕하하려 일어서면 그 흐름을 타고 왼쪽 전완 혹은 팔꿈치로 상대 오른손의 공세를 한쪽으로 무력화하거나 동시에 뛰어올라 오른쪽 무릎으로 상대의 당부를 위쪽으로 찬다.

2. 시선은 서남쪽을 보고 신법은 오른쪽으로 돌려 가슴을 다시 서남쪽으로 향한다. 오른발을 지면에 내린 후 오른쪽으로 돌릴 때 왼쪽 다리가 나아가 마보를 만든다. 왼손은 순전하여 위로 원을 그리며 호근을 지나 배꼽 아래로 내려 오른쪽 손목 위로 모으고 손바닥은 아래쪽으로 향한다. 오른손은 순전하여 배꼽 부위에서 모으고 손바닥은 아래쪽을 향하며 양손의 중지는 서로 교차하여 비스듬히 치켜세운다.

작용: 포전열법(抱纏捌法)

상대가 오른손을 빼고 다시 오른쪽 손목을 잡아 돌리면 그 흐름을 타고 왼손으로 오른손이 빠져나가는 것을 차단하며 팔꿈치를 가라앉혀 손목을 치켜세우고 상대의 오른쪽 손목을 돌려 잡아 상체의 지렛대 힘을 빌어 왼손은 뒤로 감아 안고 오른손은 앞으로 감아 안아 서로 간의 음양으로 조화롭게 교차 형태의 매듭식 열법으로 공격한다.

3. 시선은 서남쪽을 보고 신법은 오른쪽으로 돌려 가슴을 서쪽으로 향한다. 오른쪽 고관절의 경을 가라앉혀 내측으로 접고 보형은 불변한다. 왼손은 역전하여 장형으로 만들어 아래로 원을 그리고 서남쪽 호첨으로 펼치며 손바닥은 위를 향하고 중지는 서남쪽으로 비스듬히 치켜세운다. 오른손은 역전하여 아래로 원을 그리고 호근 위로 들어 손바닥은 위로 향하고 중지는 위로 비스듬히 치켜세운다.

작용: 좌제우인붕법(左擠右引掤法)

상대가 포전열법을 무력화하고 제법으로 나의 아랫배를 공격하면 그 흐름을 따라 신법을 오른쪽으로 돌리고 왼쪽 팔꿈치로 상대의 오른쪽 팔꿈치를 제법으로 밀고 상대의 오른쪽 제법을 무력화한다. 오른손은 호근으로 당겨 힘을 모은다.

4. 시선은 불변하고 신법은 왼쪽으로 돌려 가슴을 남쪽으로 향한다. 왼쪽 다리는 고관절의 경을 가라앉혀 접고 마보를 지나 측마보를 만든다. 왼손은 역전하여 배꼽 부위로 당겨 파형을 만들고 파심은 아래를 향한다. 오른손은 주먹을 쥐어 서남쪽 호첨으로 역전하여 권을 내지르고 권심은 아래를 향한다.

작용: 좌채우굉탄두열법(左采右肱彈抖挒法)

상대가 팔꿈치를 가라앉혀 나의 공격을 무력화하고 왼손으로 나의 왼쪽 손목을 돌려 잡으면 그 흐름을 타고 왼손을 뒤집어 상대의 손목을 돌려 잡아 배꼽 부위로 당기며 오른쪽 권은 상대의 복부 혹은 늑골 부위를 공격한다. 상대방이 왼쪽 팔꿈치를 가라앉혀 나의 오른쪽 팔꿈치를 막아 권의 공격을 무력화하면 나는 오른쪽 권의 힘을 가해 오른쪽 이두근 부위로 탄두경을 만들어 상대의 왼쪽 팔꿈치 관절을 분력으로 공격한다.

주의

이 동작에서 왼손은 신법을 왼쪽으로 돌릴 때 구심력(음)을 빌어 잡아채고 오른쪽 권은 신법을 왼쪽으로 돌릴 때 원심력(음)을 빌어 공격한다. 좌파, 우권과 양쪽 다리에 지탱하는 공력은 서로 음양, 상대, 상등의 합일이며 또한 발출하는 것은 동작과 공력이 서로 연결되는 것이다.

67. 진퇴보란찰의(進退步攔擦衣)

모두 3개의 분해 동작이다.

1. 시선은 남쪽을 보고 신법은 왼쪽으로 돌려 가슴을 동쪽으로 향한다. 왼쪽 다리는 발뒤꿈치를 축으로 발끝을 바깥쪽으로 돌리고 오른쪽 다리는 왼발 앞쪽으로 당겨

전허보를 만든다. 왼손은 역전하여 장형을 만들고 바깥쪽 아래로 원을 그리며 동쪽 호저를 지나 호근으로 모으고 손바닥은 서남쪽을 향하고 중지는 위로 비스듬히 치켜세운다. 오른쪽 권은 순전하여 장형을 만들고 안쪽 아래로 원을 그리면서 배꼽 부위를 지나 왼손 아래쪽으로 모으고 손바닥은 서북쪽을 향하고 중지는 위로 비스듬히 치켜세운다.

작용: 진우퇴우붕법(進右腿右掤法)
상대가 몸을 웅크리며 나의 팔꿈치 제법을 무력화하고 제법으로 공격해 오면 나는 신법을 왼쪽으로 돌려 오른쪽 다리가 나아가 오른쪽 전완 혹은 팔꿈치 부위로 상대의 왼쪽 전완 혹은 팔꿈치 내측을 당겨 공격한다.

2. 시선은 동남쪽을 보고 신법은 먼저 왼쪽으로 돌리고 다시 오른쪽으로 돌려 가슴을 동남쪽으로 향한다. 오른쪽 다리는 몸을 왼쪽으로 돌릴 때 남쪽으로 나아가 오른발을 지면에 내리고 측마보를 지나 다시 오른쪽으로 돌릴 때 오른쪽 고관절의 경을 가라앉히고 왼쪽 다리를 당겨 후허보를 만든다. 오른손은 오른발이 나아갈 때 순전하여 안쪽으로 돌리고 다시 바깥쪽으로 원을 그리며 역전하여 호첨으로 펼친다. 손바닥은 아래로 향하고 중지는 왼쪽으로 비스듬히 치켜세운다. 왼손은 오른쪽 전완 내측에 붙이고 손바닥은 남쪽을 향하고 중지는 오른쪽으로 비스듬히 치켜세운다.

작용: 진보우견우주법(進步右肩右肘法)

상대가 오른손의 공격이 막혀 손을 빼고 방어하면 그 흐름을 타고 먼저 오른쪽 다리가 나아가고 다시 왼쪽 다리를 당겨 오른쪽 어깨와 팔꿈치로 상대의 몸통 부위를 공격하고 왼손은 오른손과 협조하여 공격을 보조한다.

3. 시선은 불변하고 신법은 왼쪽으로 돌려 가슴을 동쪽으로 향한다. 왼쪽 다리는 퇴보로 빼고 궁보를 지나 측마보를 만든다. 오른손은 남쪽 호첨으로 밀어낸다. 손바닥은 남쪽을 향하고 중지는 위로 비스듬히 치켜세운다. 왼손은 순전하여 팔꿈치를 왼쪽 늑골 부위로 당기고 파형을 만들고 파심은 아래를 향한다.

작용: 퇴보우수안법(退步右手按法)

상대가 신법을 빠르게 움직여 나의 공격을 무력화하면 그 흐름을 타고 왼쪽 다리를 뒤로 빼고 오른쪽 장으로 상대의 몸통 부위를 공격한다.

68. 단편(單鞭)

모두 5개의 분해 동작이다.

1. 시선은 남쪽을 보고 신법은 오른쪽으로 돌려 가슴을 남쪽으로 향한다. 오른쪽 다리의 경을 가라앉혀 고관절을 내측으로 접어 측마보를 만든다. 오른손은 순전하여 팔꿈치를 오른쪽 늑골 부위로 당겨 구수로 만들고 구첨은 위쪽을 향한다. 왼손은 역전하여 장형으로 만들고 배꼽 부위에서 오른팔 위쪽에 위치하고 손바닥은 아래쪽을 향하며 중지는 서쪽으로 비스듬히 치켜세운다.

작용: 우주붕법(右肘掤法)

상대가 왼쪽 팔꿈치로 나의 오른쪽 팔꿈치 부위를 막아 누르고 무력화하면 그 흐름을 타고 오른쪽 팔꿈치를 가라앉히며 동시에 왼손으로 상대에 왼쪽 손목을 돌려 잡는다.

2. 시선은 불변하고 신법은 왼쪽으로 돌려 가슴을 동쪽으로 향한다. 양쪽 다리는 고관절 내측의 경을 가라앉히고 보형은 불변한다. 왼손은 순전하여 호근으로 모으고 손바닥은 서남쪽을 향하며 중지는 위로 비스듬히 치켜세운다. 오른손은 역전하여 동남쪽 호첨으로 흔들어 펼치고 구첨은 아래쪽을 향한다.

작용: 좌채우굉열법(左采右肱挒法)

왼손으로 상대방의 왼쪽 손목을 돌려 잡아당기고 오른쪽 팔뚝으로 상대방의 왼쪽 팔꿈치 관절을 흔들어 탄두경으로 공격한다.

3. 시선은 불변하고 신법은 오른쪽으로 돌리고 가슴을 동북쪽으로 향한다. 오른쪽 다리는 고관절의 경을 가라앉혀 견고하게 세운다. 왼쪽 다리는 북쪽으로 나아가 측마보를 만든다. 오른손 구수는 그대로 유지하고 왼손은 가슴 앞 호근으로 모으고 손바닥은 서남쪽을 향하며 중지는 위로 비스듬히 치켜세운다.

작용: 진좌퇴견고법(進左腿肩靠法)

만약 상대가 나의 왼쪽 전방에서 양손으로 밀어 공격하면 나는 왼쪽 다리가 나아가 왼쪽 어깨와 팔꿈치로 상대의 공격을 무력화하고 동시에 왼쪽 어깨로 상대방의 몸통 부위를 공격한다.

4. 시선은 불변하고 신법은 왼쪽으로 돌려 가슴을 동북쪽으로 향한다. 왼쪽 다리는 마보를 지나며 경을 가라앉힌다. 오른쪽 다리는 고관절을 열며 발뒤꿈치를 축으로 발끝을 안쪽으로 감고 측마보를 만든다. 왼손은 신법을 따라 역전하여 호첨으로 펼치고 손바닥은 좌측 전방 아래로 비스듬히 향하며 중지는 오른쪽 전방 위로 비스듬히 치켜세운다. 오른손은 역전하고 구수의 끝은 뒤쪽 아래로 비스듬히 향한다.

작용: 고주제법(靠肘擠法)

상대가 나의 고법을 무력화하면 그 흐름을 타고 신법을 왼쪽으로 돌려 왼쪽 어깨와 팔꿈치 그리고 손을 연환하여 몸통 부위를 공격한다.

5. 시선은 불변하고 신법은 오른쪽으로 돌려 가슴을 동쪽으로 향한다. 양쪽 다리는 신법을 따라 경을 가라앉히고 보형은 불변한다. 오른손 구수는 순전하여 구수의 끝은 아래를 향한다. 왼손은 순전하여 호첨으로 밀고 손바닥은 동북쪽을 향하고 중지는 위로 비스듬히 치켜세운다.

작용: 좌안법(左按法)

상대가 나의 왼쪽 공격을 무력화하면 그 흐름을 타고 오른쪽으로 신법을 돌려 왼손 안법으로 상대의 몸통 부위를 공격한다.

69. 하운수(下雲手)

모두 9개의 분해 동작이다.

1. 시선은 동북쪽을 보고 신법은 왼쪽으로 돌려 가슴을 동북쪽으로 향한다. 양쪽 다리는 고관절의 경을 가라앉히고 측마보를 유지한다. 왼손은 역전하여 바깥쪽 위로 원을 그리며 서북쪽 호정으로 펼치고 손바닥은 서북쪽을 향하고 중지는 왼쪽으로 비스듬히 치켜세운다. 오른손은 순전하여 장형으로 만들고 아래로 원을 그리며 호근으로 당기고 손바닥은 서북쪽을 향하고 중지는 앞쪽으로 비스듬히 치켜세운다.

작용: 좌수채붕법(左手采掤法)

상대가 나의 공격을 무력화하여 다시 밀어 공격하면 나는 신법을 왼쪽으로 돌려 왼쪽 팔꿈치 혹은 전완 부위로 횡으로 밀어 상대의 몸통과 가슴을 공격한다.

2. 시선은 불변히고 신법은 오른쪽으로 돌려 가슴을 동쪽으로 향한다. 오른쪽 다리는 고관절의 경을 가라앉히고 왼쪽 다리는 고관절을 열어 마보를 만든다. 왼손은 아래로 원을 그리고 배꼽 부위를 지나 호근으로 모으고 손바닥은 서남쪽을 향하며 중지는 오른쪽으로 비스듬히 치켜세운다. 오른손은 역전하여 바깥쪽 위로 원을 그리며 동남쪽 호정으로 펼치고 손바닥은 동남쪽을 향하고 중지는 위로 비스듬히 치켜세운다.

작용: 좌전신좌랄붕법(左轉身左挒掤法)

상대가 왼쪽 공세를 무력화하고 밀어 공격해 오면 나는 신법을 오른쪽으로 돌려 팔꿈치를 가라앉혀 무력화시킨다. 또는 상대가 허리 부위를 잡으려 하면 상대의 오른쪽 전완 혹은 팔꿈치 부위를 눌러 공격한다.

3. 시선은 불변하고 신법은 왼쪽으로 돌려 가슴을 동북쪽으로 향한다. 왼쪽 다리는 고관절의 경을 가라앉히고 오른쪽 다리는 왼발 뒤로 당겨 후허보를 만든다. 왼손은 역전하여 바깥쪽 위로 원을 그리며 동북쪽 호정으로 펼치고 손바닥은 동북쪽을 향하고 중지는 앞쪽으로 비스듬히 치켜세운다. 오른손은 역전하여 바깥쪽 아래로 원을 그리며 호근으로 모으고 손바닥은 서북쪽을 향하고 중지는 오른쪽으로 비스듬히 치켜세운다.

작용: 진보좌고주제법(進步左靠肘擠法)

상대가 팔꿈치를 가라앉혀 공격을 무력화하고 제법으로 공격하면 그 흐름을 타고 신법을 왼쪽으로 돌려 오른쪽 다리를 당기고 왼쪽 어깨 고법, 주법, 제법으로 상대의 몸통 부위를 연환하여 공격한다.

4. 시선은 불변하고 신법은 먼저 왼쪽으로 돌리고 다시 오른쪽으로 돌려 가슴을 동북쪽으로 향한다. 왼쪽 다리는 고관절의 경을 가라앉히고 오른쪽 다리는 몸을 왼쪽으로 돌려 무릎을 들고 다시 오른쪽으로 돌릴 때 왼발 앞에 발을 내리고 헐보를 만든다. 왼손은 왼쪽으로 돌릴 때 역전하여 바깥쪽 위로 원을 그리며 호저로 모은다. 손바닥은 동남쪽을 향하고 중지는 위로 비스듬히 치켜세운다. 오른손은 왼쪽으로 돌릴 때 순전하여 바깥쪽 위로 원을 그리며 동남쪽 호정으로 펼치고 손바닥은 동쪽을 향하며 중지는 앞쪽 위로 비스듬히 치켜세운다.

작용: 진우퇴좌랄붕법(進右腿左捋掤法)

만약 상대가 나의 왼쪽 전방에서 오른쪽 권으로 나의 아랫배 부위를 공격하면 오른쪽 다리가 나아가 왼쪽 전완 혹은 왼쪽 팔꿈치 부위로 상대의 오른쪽 전완 혹은 팔꿈치 부위를 옆으로 밀고 상대의 오른쪽 권의 공세를 무력화한다.

5. 시선은 불변하고 신법은 오른쪽으로 돌려 가슴을 동쪽으로 향한다. 오른쪽 다리는 고관절의 경을 가라앉히고 왼쪽 다리는 북쪽으로 나아가 측마보를 만든다. 왼손은 순전하여 호근으로 모으고 손바닥은 서남쪽을 향하고 중지는 위로 비스듬히 치켜세운다. 오른손은 역전하여 바깥쪽 위로 원을 그리며 동남쪽 호정으로 펼치고 손바닥은 동쪽을 향하고 중지는 위로 비스듬히 치켜세운다.

작용: 진보좌측랄붕견고붕법(進步左側抲掤肩靠掤法)
상대가 앞의 공격에 이어 오른쪽 팔꿈치 주법으로 나의 복부를 공격하면 나는 왼쪽 다리가 나아가 왼쪽 전완과 팔꿈치 부위로 상대의 오른쪽 전완 혹은 팔꿈치 부위를 옆으로 밀고 동시에 왼쪽 어깨 부위로 상대의 몸통을 공격한다.

6. 시선은 불변하고 신법은 먼저 왼쪽으로 돌리고 다시 오른쪽으로 돌려 가슴을 동북쪽으로 향한다. 왼쪽 다리는 고관절의 경을 가라앉히고 오른쪽 다리는 몸을 왼쪽으로 돌려 무릎을 들고 다시 오른쪽으로 돌릴 때 왼발 앞에 발을 내리고 헐보를 만든다. 왼손은 왼쪽으로 돌릴 때 역전하여 바깥쪽 위로 원을 그리며 호저로 모은다. 손바닥은 동남쪽을 향하고 중지는 위로 비스듬히 치켜세운다. 오른손은 왼쪽으로 돌릴 때 순전하여 바깥쪽 위로 원을 그리며 동남쪽 호정으로 펼치고 손바닥은 동쪽을 향하며 중지는 앞쪽 위로 비스듬히 치켜세운다.

작용: 진우퇴좌랄붕법(進右腿左将掤法)

만약 상대가 나의 왼쪽 전방에서 오른쪽 권으로 나의 아랫배 부위를 공격하면 오른쪽 다리가 나아가 왼쪽 전완 혹은 왼쪽 팔꿈치 부위로 상대의 오른쪽 전완 혹은 팔꿈치 부위를 옆으로 밀고 상대의 오른쪽 권의 공세를 무력화한다.

7. 시선은 불변하고 신법은 오른쪽으로 돌려 가슴을 동쪽으로 향한다. 오른쪽 다리는 고관절의 경을 가라앉히고 왼쪽 다리는 북쪽으로 나아가 측마보를 만든다. 왼손은 순전하여 호근으로 모으고 손바닥은 서남쪽을 향하고 중지는 위로 비스듬히 치켜세운다. 오른손은 역전하여 바깥쪽 위로 원을 그리며 동남쪽 호정으로 펼치고 손바닥은 동쪽을 향하고 중지는 위로 비스듬히 치켜세운다.

작용: 진보좌측랄붕견고붕법(進步左側将掤肩靠掤法)

상대가 앞의 공격에 이어 오른쪽 팔꿈치 주법으로 나의 복부를 공격하면 나는 왼쪽 다리가 나아가 왼쪽 전완과 팔꿈치 부위로 상대의 오른쪽 전완 혹은 팔꿈치 부위를 옆으로 밀고 동시에 왼쪽 어깨 부위로 상대의 몸통을 공격한다.

8. 시선은 불변하고 신법은 먼저 왼쪽으로 돌리고 다시 오른쪽으로 돌려 가슴을 동북쪽으로 향한다. 왼쪽 다리는 고관절의 경을 가라앉히고 오른쪽 다리는 몸을 왼쪽으로 돌려 무릎을 들고 다시 오른쪽으로 돌릴 때 왼발 앞에 발을 내리고 헐보를 만든다. 왼손은 왼쪽으로 돌릴 때 역전하여 바깥쪽 위로 원을 그리며 호저로 모은다. 손바닥은 동남쪽을 향하고 중지는 위로 비스듬히 치켜세운다. 오른손은 왼쪽으로 돌릴 때 순전하여 바깥쪽 위로 원을 그리며 동남쪽 호정으로 펼치고 손바닥은 동쪽을 향하며 중지는 앞쪽 위로 비스듬히 치켜세운다.

작용: 진우퇴좌랄붕법(進右腿左捋掤法)

만약 상대가 나의 왼쪽 전방에서 오른쪽 권으로 나의 아랫배 부위를 공격하면 오른쪽 다리가 나아가 왼쪽 전완 혹은 왼쪽 팔꿈치 부위로 상대의 오른쪽 전완 혹은 팔꿈치 부위를 옆으로 밀고 상대의 오른쪽 권의 공세를 무력화한다.

9. 시선은 불변하고 신법은 오른쪽으로 돌려 가슴을 동쪽으로 향한다. 오른쪽 다리는 고관절의 경을 가라앉히고 왼쪽 다리는 오른발 앞으로 발을 내리고 전허보를 만든다. 왼손은 순전하여 약간 위로 원을 그리며 호근으로 올리고 손바닥은 동쪽을 향하고 중지는 위로 비스듬히 치켜세운다. 오른손은 역전하여 약간 위로 원을 그리며 동남쪽 호정으로 펼치고 손바닥은 동쪽을 향하며 중지는 앞쪽으로 비스듬히 치켜세운다.

작용: 우상채좌랄붕법(右上采左捋掤法)

상대가 나의 왼쪽 전방에서 오른쪽 권으로 나의 아랫배 부위를 공격하면 왼쪽 다리가 나아가 왼쪽 전완 혹은 왼쪽 팔꿈치 부위로 상대의 오른쪽 전완 혹은 팔꿈치 부위를 옆으로 밀고 상대의 오른쪽 권의 공세를 무력화한다. 오른손은 채법으로 위로 당긴다.

70. 고탐마(高探馬)

모두 5개 분해 동작이다.

1. 시선은 서북쪽을 보고 신법은 왼쪽으로 돌려 가슴을 북쪽으로 향한다. 왼쪽 다리
는 신법을 따라 발을 서북쪽으로 옮기고 오른쪽 다리는 고관절의 경을 가라앉혀
마보를 만든다. 왼손은 순전하여 손바닥은 동북쪽을 향하고 중지는 왼쪽으로 비스
듬히 치켜세운다. 오른손은 순전하여 아래로 원을 그리며 호근에서 서로 교차하여
비스듬한 열십자 형태로 합쳐지고 손바닥은 서남쪽을 향하고 중지는 위쪽으로 치
켜세운다.

작용: 쌍수포전열법(雙手抱纏捌法)
상대가 나의 왼손 랄붕법을 무력화하고 왼손으로 나의 왼쪽 손목을 돌려 잡으면
그 흐름을 타고 신법을 왼쪽으로 돌려 왼손을 치켜세워 상대의 왼쪽 손목을 반나
법으로 잡고 왼쪽 다리를 왼쪽으로 옮겨 왼손에 반나법의 힘을 가하고 오른손은
상대의 왼쪽 손목에 합쳐 쌍수포전열나법으로 공격한다.

2. 시선은 동북쪽을 보고 신법은 오른쪽으로 돌려 가슴을 동북쪽으로 향한다. 왼쪽
다리는 고관절의 경을 가라앉혀 열고 오른쪽 다리는 동남쪽 퇴보로 당겨 발뒤꿈치
를 내려 마보를 만든다. 오른손은 역전하여 아래로 원을 그리며 동남쪽 호정으로
펼치고 손바닥은 동남쪽을 향하고 중지는 왼쪽으로 비스듬히 치켜세운다. 왼손은
동북쪽으로 원을 그리며 무릎 앞쪽으로 내리고 손바닥은 아래로 향하고 중지는 오
른쪽으로 비스듬히 치켜세운다.

작용: 퇴보좌채법우주제법(退步左采法右肘擠法)

상대가 팔꿈치를 가라앉혀 제법으로 나의 포전열법을 무력화하면 나는 오른쪽 다리를 뒤로 당겨 왼손으로 상대방의 손목을 잡아당기고 오른손 또는 팔꿈치로 펼쳐내며 상대방의 얼굴 부위를 공격한다.

3. 시선은 불변하고 신법은 계속 오른쪽으로 돌려 가슴을 동쪽으로 향한다. 오른쪽 다리는 고관절의 경을 가라앉히고 내측으로 접어 보형은 불변한다. 왼손은 순전하여 아래로 원을 그리며 동북쪽 호첨으로 펼치고 손바닥은 위로 향하고 중지는 앞쪽으로 치켜세운다. 오른손은 순전하여 서남쪽 호정으로 들어 올려 손바닥은 위쪽을 향하고 중지는 서남쪽으로 비스듬히 치켜세운다.

작용: 좌수탁제법(左手托擠法)

상대가 나의 좌채, 우주제법을 무력화시키면 나는 왼손을 치켜들어 상대의 목 부위를 제법으로 공격한다.

4. 시선과 신법은 불변한다. 오른쪽 고관절의 경을 가라앉혀 내측으로 접고 왼쪽 다리는 오른쪽 다리 앞으로 당겨 전허보를 만든다. 왼손은 역전하여 팔꿈치를 굽히

고 가슴 앞으로 당겨 손바닥은 아래쪽으로 향하고 중지는 오른쪽으로 비스듬히 치켜세운다. 오른손은 역전하여 오른쪽 뺨 부위로 당겨 손바닥은 동북쪽을 향하고 중지는 왼쪽으로 비스듬히 치켜세운다.

작용: 우랄붕법(右捋掤法)
상대가 나의 공격을 무력화하고 안법으로 공격하면 나는 상대의 흐름을 타고 랄법으로 치켜들어 상대의 공격을 무력화하며 동시에 힘을 모으는 축력 동작을 취한다.

5. 시선은 서북쪽을 보고 신법은 왼쪽으로 돌려 가슴을 서북쪽으로 향한다. 오른쪽 다리는 발뒤꿈치를 축으로 발끝을 안쪽으로 돌리고 왼쪽 다리는 서북쪽으로 나아가 측마보를 지나 마보를 만든다. 왼손은 순전하여 배꼽 부위로 당겨 파형을 만들고 파심은 아래를 향한다. 오른손은 순전하여 서북쪽으로 전완을 격출하고 손바닥은 서남쪽으로 향하며 중지는 위로 비스듬히 치켜세운다.

작용: 좌수채법우수열타법(左手采法右手挒打法)
상대가 나의 랄법을 무력화하고 안법으로 밀어 공격해 오면 그 흐름을 타고 왼손으로 상대의 왼손목을 잡고 채법으로 당겨 오른쪽 전완으로 상대의 왼쪽 팔꿈치 관절을 공격한다.

71. 십자파련각(十字擺蓮脚)

모두 6개의 분해 동작이다.

1. 시선은 서북쪽을 보고 신법은 왼쪽으로 돌려 가슴을 서쪽으로 향한다. 왼쪽 다리
는 고관절의 경을 가라앉혀 내측으로 접고 오른쪽 다리는 고관절을 열어 측마보를
만든다. 왼쪽 파형은 배꼽 부위에서 자전한다. 오른손은 순전하여 안쪽 아래로 원
을 그리며 호근으로 당기고 손바닥은 동남쪽으로 향하며 중지는 위로 비스듬히 치
켜세운다.

작용: 좌채우랄열법(左采右捋挒法)

상대가 왼쪽 팔꿈치를 가라앉히고 왼손 제법으로 우열법의 공세를 무력화하면 상
대의 흐름을 타고 왼손으로 상대의 왼쪽 손목을 왼쪽으로 돌리는 구심력을 빌어
계속 채법으로 당기고 오른쪽 팔꿈치 부위로 왼쪽으로 돌릴 때 원심력을 빌어 상
대의 왼쪽 팔꿈치 관절을 열법으로 공격한다.

2. 시선은 불변하고 신법은 오른쪽으로 돌려 가슴을 동북쪽으로 향한다. 오른쪽 다리
는 발뒤꿈치를 축으로 발끝을 바깥쪽으로 돌리고 왼쪽 다리는 먼저 오른쪽 다리
내측으로 당기고 다시 서북쪽으로 나아가 측마보를 만든다. 왼쪽 파형은 역전하여
장형으로 만들고 바깥쪽 아래로 원을 그리며 서북쪽 호저로 펼치고 손바닥은 아래
쪽을 향하며 중지는 동북쪽으로 비스듬히 치켜세운다. 오른손은 역전하여 바깥쪽
위로 원을 그리며 동남쪽 호정으로 펼치고 손바닥은 동쪽으로 향하며 중지는 동북
쪽으로 비스듬히 치켜세운다.

작용: 진보우채좌제붕법(進步右采左擠掤法)

상대가 오른손으로 나의 오른쪽 손목을 돌려 잡고 안법으로 밀며 나의 공격을 무
력화하면 나는 상대의 흐름을 타고 오른쪽으로 신법을 돌려 왼쪽 다리가 나아가
오른손으로 상대의 오른쪽 손목을 돌려 잡고 위로 채법으로 펼치고 왼손으로 상대
의 복부를 밀어낸다.

3. 시선은 불변하고 신법은 오른쪽으로 돌려 가슴을 동쪽으로 향한다. 왼쪽 다리는
고관절의 경을 가라앉히고 마보를 만든다. 왼손은 순전하여 바깥쪽 아래로 원을
그리며 북쪽 호정으로 펼치고 손바닥은 위쪽을 향하며 중지는 북쪽으로 비스듬히
치켜세운다. 오른손은 순전하여 바깥쪽 위로 원을 그리며 호첨을 지나 배꼽 부위
로 모아 파형으로 잡고 파심은 아래쪽을 향한다.

작용: 우채좌굉열나법(右采左肱捌拿法)

상대가 나의 공격을 무력화하면 그 흐름을 타고 왼쪽 전완 부위로 상대의 오른쪽
팔꿈치 관절을 위로 들어 올리고 오른손은 아래로 당겨 왼쪽 전완과 협조한다.

4. 시선은 불변하고 신법은 왼쪽으로 돌려 가슴을 북쪽으로 향한다. 왼쪽 다리는 고
관절 내측의 경을 가라앉혀 접고 보형은 불변한다. 왼손은 역전하여 세우고 손바
닥은 동북쪽을 향하며 중지는 위로 치켜세운다. 오른손은 순전하여 장형으로 만들

고 배꼽 부위에서 왼쪽 팔꿈치 아래로 누르고 손바닥은 서북쪽으로 향하고 중지는 위로 비스듬히 치켜세운다.

작용: 우채안좌주열나법(右采按左肘捯拿法)
상대가 몸을 위로 이끌어 나의 공세를 무력화하면 그 흐름을 타고 왼쪽 전완 부위로 상대의 오른쪽 팔꿈치 관절을 옆으로 밀고 오른손은 오른쪽 손목을 돌려 잡고 안법으로 공격한다.

5. 시선은 동남쪽을 보고 신법은 오른쪽으로 돌려 가슴을 동쪽으로 향한다. 왼쪽 다리는 발뒤꿈치를 축으로 발끝을 안쪽으로 감아 당기고 마보를 만든다. 왼손은 역전하여 바깥쪽 아래로 원을 그리고 서북쪽 호정을 지나며 다시 오른쪽으로 돌려 동남쪽 호정을 지나 오른쪽 팔꿈치 위로 내리고 손바닥은 남쪽을 향하고 중지는 위로 치켜세운다. 오른손은 왼쪽 팔꿈치 아래에서 자전하고 그대로 유지한다.

작용: 우채안좌주열법(右采按左肘捯法)
앞에 이어 왼쪽 전완 부위로 상대의 팔꿈치를 오른쪽으로 밀고 오른손은 채안법으로 협조하여 공격한다.

6. 시선과 신법은 불변한다. 왼쪽 다리는 고관절의 경을 가라앉혀 견고히 세우고 오른쪽 다리는 무릎을 들어 오른발을 바깥쪽으로 돌려 발등으로 왼손 손바닥을 차고

독립보를 만든다. 오른손은 원위치에 있고 왼손은 역전하여 호정으로 펼치며 발등을 치고 손바닥은 아래쪽을 향한다.

작용: 우슬타법우각외파척법(右膝打法右脚外摆踢法)
상대가 나의 공격을 무력화하면 오른쪽 무릎을 들어 상대의 당부를 차고 만약 상대가 섬나법으로 몸을 젖히고 내 오른쪽 무릎의 공격을 무력화하면 상대의 흐름을 타고 오른쪽 다리를 바깥쪽으로 돌려 상대방의 얼굴 부위를 공격한다.

72. 지당추(指襠捶)

모두 4개의 분해 동작이다.

1. 시선은 서남쪽을 보고 신법은 오른쪽으로 돌려 가슴을 남쪽으로 향한다. 보형은 독립보를 유지하고 왼쪽 다리는 왼발 뒤꿈치를 축으로 발끝을 내측으로 당긴다. 오른쪽 다리는 무릎을 들어 오른쪽으로 돌린다. 왼손은 역전하여 권으로 만들고 왼뺨 부위로 당기며 주먹을 안쪽으로 돌리고 권심은 아래를 향한다. 오른손은 권으로 만들고 순전하여 바깥쪽 위로 원을 그리며 호근을 지나 남쪽 호저로 권등으로 치고 권심은 위쪽을 향한다.

작용: 좌독립보잡발붕법(左獨立步砸拔掤法)

만약 상대가 나의 오른쪽에서 오른쪽 권으로 얼굴 부위 또는 가슴 부위를 공격하면 나는 즉시 오른팔로 상대의 전완 부위를 내려치고 무력화시킨다.

2. 시선은 불변하고 신법은 오른쪽으로 돌려 가슴을 서남쪽으로 향한다. 오른쪽 다리는 고관절의 경을 가라앉히고 진각으로 내린다. 왼쪽 다리는 동남쪽으로 발을 내려 측마보를 지나 마보를 만든다. 오른쪽 권은 역전하여 장형을 만들고 안쪽 위로 원을 그리고 배꼽 부위로 모아 손바닥은 아래쪽을 향하며 중지는 위로 비스듬히 치켜세운다. 왼쪽 권은 장형으로 만들고 오른쪽 손목 위로 내려 손바닥은 아래쪽을 향하고 중지는 위로 비스듬히 치켜세운다.

작용: 포전열법(抱纏捌法)

상대가 오른손을 빼고 다시 오른쪽 손목을 잡아 돌리면 그 흐름을 타고 왼손으로 오른손이 빠져나가는 것을 차단하며 팔꿈치를 가라앉혀 손목을 치켜세우고 상대의 오른쪽 손목을 돌려 잡아 상체의 지렛대 힘을 빌어 왼손은 뒤로 감아 안고 오른손은 앞으로 감아 안아 서로 간의 음양으로 조화롭게 교차 형태의 매듭식 열법으로 공격한다.

3. 시선은 불변하고 신법은 오른쪽으로 돌려 가슴을 서남쪽으로 향한다. 오른쪽 다리는 오른쪽 고관절의 경을 가라앉혀 내측으로 접고 보형은 불변한다. 왼손은 역전하여 아래로 원을 그리며 서남쪽 호첨으로 펼치고 손바닥은 위를 향하고 중지는 서남쪽으로 비스듬히 치켜세운다. 오른손은 역전하여 아래로 원을 그리며 호근으로 들어 올리고 손바닥은 동남쪽을 향하고 중지는 비스듬히 치켜세운다.

작용: 좌제우인붕법(左擠右引掤法)

상대가 팔꿈치를 가라앉혀 포전열법을 무력화하여 오른쪽 제법으로 아랫배를 공격하면 그 흐름을 타고 신법을 오른쪽으로 돌려 오른손은 상대의 힘을 붕법으로 이끌어 돌려 잡고 왼팔로 상대의 오른쪽 팔꿈치를 제법으로 밀어 상대의 공격을 무력화한다.

4. 시선은 불변하고 신법은 왼쪽으로 돌려 가슴을 남쪽으로 향한다. 양쪽 다리는 마보를 지나 측마보를 만든다. 왼손은 역전하여 배꼽 부위로 당기고 파형을 만들어 파심은 아래쪽을 향한다. 오른손은 권형으로 만들고 역전하여 서남쪽으로 치고 권의 높이는 당부와 같고 권심은 아래쪽을 향한다.

작용: 좌채우제법(左采右擠法)

상대가 왼손으로 나의 왼쪽 손목을 돌려 잡아 밀어 나의 공격을 무력화하면 그 흐름을 타고 왼손으로 상대의 왼쪽 손목을 돌려 잡고 배꼽 부위로 당기고 오른쪽 권은 상대방의 당부를 공격한다.

73. 원후헌과(猿猴獻果)

모두 1개의 동작이다.

1. 시선은 남쪽을 보고 신법을 왼쪽으로 돌려 가슴을 동남쪽으로 향한다. 왼쪽 다리는 발뒤꿈치를 축으로 발끝을 바깥쪽으로 돌린다. 오른쪽 다리는 고관절의 경을 가라앉히고 남쪽으로 나아가 전허보를 만든다. 왼쪽 파형은 순전하여 장형으로 만들고 손바닥은 오른쪽 전완 내측 부위로 모은다. 오른쪽 권은 순전하여 팔꿈치를 가라앉히고 남쪽으로 치고 권심은 위를 향한다.

작용: 진보우권상제법(進步右拳上擠法)
상대가 아랫배를 빠르게 당겨 나의 공격을 무력화하면 오른쪽 다리가 나아가 오른쪽 팔뚝으로 상대방의 팔꿈치 관절을 공격하고 왼손은 오른손의 공격을 보조한다.

74. 육봉사폐(六封四閉)

모두 1개의 동작이다.

1. 시선은 동남쪽을 보고 신법은 먼저 왼쪽으로 돌리고 다시 오른쪽으로 돌려 가슴을 동남쪽으로 향한다. 오른쪽 다리는 왼쪽으로 돌릴 때 남쪽으로 나아가 발을 내리고 다시 오른쪽으로 돌릴 때 고관절의 경을 가라앉힌다. 왼쪽 다리는 신법을 따라 오른쪽으로 돌릴 때 발을 당겨 후허보를 만든다. 양손은 내측으로 돌리며 팔꿈치를 가라앉혀 동남쪽 호첨으로 밀고 손바닥은 모두 동남쪽을 향하고 중지는 위쪽으로 향한다.

작용: 진보쌍안법(進步雙按法)

상대가 몸을 빠르게 뒤로 젖혀 오른쪽 권의 공세를 무력화하면 그 흐름을 타고 오른쪽 다리가 나아가고 왼쪽 다리를 당겨 양손으로 상대의 가슴 부위를 공격한다.

75. 단편(單鞭)

모두 5동작의 분해 동작이다.

1. 시선은 불변하고 신법은 오른쪽으로 돌려 가슴을 남쪽으로 향한다. 오른쪽 다리는 고관절의 경을 가라앉히고 보형은 불변한다. 오른손은 순전하여 내측 아래로 원을 그리며 호근으로 당기고 손바닥은 위로 향하고 중지는 앞쪽으로 비스듬히 치켜세운다. 왼손은 신법을 따라 순전하여 호첨으로 이동하고 손바닥은 위로 향하며 중지는 왼쪽 앞쪽으로 비스듬히 치켜세운다.

작용: 우채좌안붕법(右采左按掤法)

만약 상대가 전나 후에 제법 혹은 안법으로 공격하면 나는 순세로 손을 내측으로 모으며 상대의 힘을 무력화하고 채법으로 당기며 안법으로 공격한다.

2. 시선은 신법을 따라 동북쪽을 보고 신법은 왼쪽으로 돌려 가슴을 동북쪽으로 향한다. 오른쪽 다리는 발뒤꿈치를 축으로 발끝을 안쪽으로 당긴다. 왼쪽 다리는 고관절의 경을 가라앉히고 발끝을 축으로 발뒤꿈치를 안쪽으로 당긴다. 오른손은 아래로 원을 그리며 호첨으로 펼치며 구수(勾手)로 변화시키고 구(勾)의 끝은 아래로 향한다. 왼손은 역전하여 팔꿈치를 가라앉히고 신법을 따라 호근으로 당기고 손바닥은 남쪽을 향하며 중지는 오른쪽 전방 위쪽으로 비스듬히 치켜세운다.

작용: 좌채우붕열법(左采右掤挒法)
만약 상대가 나의 오른팔을 비틀어 잡으려 하면 왼손으로 상대방의 왼쪽 손목을 돌려 잡아 늑골 부위로 당기고 동시에 오른쪽 팔뚝 부위로 상대방의 왼쪽 팔꿈치 관절을 흔들어 튕겨낸다.

3. 시선은 불변하고 신법은 오른쪽으로 돌려 가슴을 동남쪽으로 향한다. 오른쪽 다리는 고관절의 경을 가라앉혀 견고하게 세운다. 왼쪽 다리는 북쪽으로 나아가 측마보를 만든다. 오른손 구수는 그대로 유지하고 왼손은 신법을 따라 손바닥을 서남쪽으로 향하며 중지는 위로 비스듬히 치켜세운다.

작용: 진좌퇴좌견고법(進左腿左肩靠法)
만약 상대가 나의 왼쪽 전방에서 양손 안법으로 공격하면 나는 왼쪽 다리가 나아가

왼쪽 어깨와 팔꿈치로 상대의 공격을 무력화하며 상대방의 몸통 부위를 공격한다.

4. 시선은 불변하고 신법은 왼쪽으로 돌려 가슴을 동북쪽으로 향한다. 왼쪽 다리는 마보를 지나며 경을 가라앉힌다. 오른쪽 다리는 고관절을 열며 발뒤꿈치를 축으로 발끝을 안쪽으로 감고 측마보를 만든다. 왼손은 신법을 따라 역전하여 호첨으로 펼치고 손바닥은 좌측 전방 아래로 비스듬히 향하며 중지는 오른쪽 전방 위로 비스듬히 치켜세운다. 오른손은 역전하고 구수의 끝은 뒤쪽 아래로 비스듬히 향한다.

작용: 고주제법(靠肘擠法)
상대가 나의 고법을 무력화하면 그 흐름을 타고 신법을 왼쪽으로 돌려 왼쪽 어깨와 팔꿈치 그리고 손을 연환하여 몸통 부위를 공격한다.

5. 시선은 불변하고 신법은 오른쪽으로 돌려 가슴을 동쪽으로 향한다. 양쪽 다리는 신법을 따라 경을 가라앉히고 보형은 불변한다. 오른손 구수는 순전하여 구수의 끝은 아래를 향한다. 왼손은 순전하여 호첨으로 밀고 손바닥은 동북쪽을 향하고 중지는 위로 비스듬히 치켜세운다.

작용: 좌안법(左按法)
상대가 나의 왼쪽 공격을 무력화하면 그 흐름을 타고 오른쪽으로 신법을 돌려 왼

손 안법으로 상대의 몸통 부위를 공격한다.

제4동작 시 몸통이 기울거나 팔꿈치가 들려 상대의 힘과 부딪치지 않도록 주의한다.

76. 천지룡(穿地龍)

모두 2개의 분해 동작이다.

1. 시선은 북쪽을 보고 신법은 왼쪽으로 돌려 가슴을 북쪽으로 향한다. 왼쪽 다리는
고관절의 경을 가라앉혀 내측으로 접고 측마보를 만든다. 왼손은 순전하여 안쪽
위로 원을 그리며 호정을 지나 호근으로 모으고 손바닥은 동남쪽을 향하고 중지는
위로 비스듬히 치켜세운다. 오른손은 순전하여 장형으로 만들고 안쪽 아래로 원을
그리며 배꼽 부위를 지나 왼쪽 손목 아래로 모으고 손바닥은 서북쪽을 향하고 중
지는 위로 비스듬히 치켜세운다. 양손은 교차하여 비스듬한 십자 형태를 만든다.

작용: 좌붕우채법(左掤右采法)
상대가 뒤로 빠지며 공격을 무력화하고 다시 공격해 오면 상대의 흐름을 타고 팔
꿈치를 가라앉히고 중지는 치켜세워 한쪽으로 무력화시키고 오른손은 동시에 상
대의 왼쪽 손목을 돌려 잡는다.

2. 시선은 불변하고 신법은 오른쪽으로 돌려 가슴을 동쪽으로 향한다. 오른쪽 다리는
발뒤꿈치를 축으로 발끝을 바깥쪽으로 돌리고 마보에서 다시 오른쪽 다리를 낮게
해서 앉고 부보를 만든다. 왼손은 권형으로 만들고 역전하여 바깥쪽 아래로 원을

그리며 북쪽 호저로 펼치고 권심은 아래쪽을 향하며 팔을 원형으로 만든다. 오른
손은 권형으로 만들어 역전하여 바깥쪽 위로 원을 그리고 남쪽 호정으로 펼치고
권심은 비스듬히 위쪽을 향하며 팔을 원형으로 만든다.

작용: 우채좌제법(右采左擠法)
상대의 왼손을 돌려 잡아 위쪽으로 당기고 왼쪽 권의 바깥쪽 부위로 상대의 당부
를 공격한다.

77. 상보기경(上步騎鯨)

모두 3개의 분해 동작이다.

1. 시선은 북쪽을 보고 신법은 왼쪽으로 돌려 가슴을 동북쪽으로 향한다. 양쪽 다리
는 고관절의 경을 가라앉혀 큰 보폭의 마보를 만든다. 왼쪽 권은 순전하여 북쪽 호
저로 치고 권심은 위쪽을 향한다. 오른쪽 권은 순전하여 남쪽 호첨으로 펼쳐 권심
은 위쪽을 향한다.

작용: 좌권충당제법(左拳沖襠擠法)
상대가 손을 뽑아 아랫배를 당기고 나의 오른쪽 채법과 왼쪽 제법의 공격을 무력

화하면 상대의 흐름을 타고 왼손을 돌려 상대방 당부를 공격하고 오른손은 협조하여 배합한다.

2. 시선은 불변하고 신법은 계속 왼쪽으로 돌려 가슴을 북쪽으로 향한다. 왼쪽 다리는 발뒤꿈치를 축으로 발끝을 바깥쪽으로 돌리고 오른쪽 다리는 북쪽으로 당겨 전허보를 만든다. 왼쪽 권은 순전하여 안쪽 위로 원을 그리며 북쪽 호근으로 치고 권심은 비스듬히 위쪽을 향한다. 오른쪽 권은 안쪽 아래로 원을 그리며 배꼽 부위를 지나 왼쪽 권 아래로 모으고 권심은 비스듬히 위쪽을 향한다. 양쪽 권은 비스듬한 십자 형태를 만든다.

작용: 진퇴쌍수포전열법(進腿雙手抱纏捯法)
상대가 공격을 무력화하고 왼손으로 나의 왼쪽 손목을 돌려 잡으면 상대의 흐름을 타고 오른쪽 다리가 나아가 왼손으로 상대의 왼쪽 손목을 돌려 잡고 오른손으로 상대의 복부를 공격한다.

3. 시선은 불변하고 신법은 오른쪽으로 돌려 가슴을 동북쪽으로 향한다. 양쪽 다리는 경을 가라앉히고 고관절을 내측으로 접으며 보형은 불변한다. 왼쪽 권은 역전하여 장형으로 만들고 오른손 내측에 붙여 바깥쪽 아래로 작게 원을 그린다. 오른쪽 권은 역전하여 장형으로 만들고 왼쪽 손목 바깥쪽에 붙이고 위로 작게 원을 그린다. 양쪽 손목은 떨어지지 않은 상태에서 돌리고 양쪽 손바닥은 모두 북쪽을 향하며 중지는 십자 형태로 비스듬히 치켜세운다.

작용: 쌍수포전열법(雙手抱纏挒法)

오른손으로 상대에 오른쪽 손목을 돌려 잡고 오른쪽으로 신법을 돌릴 때 몸통의 지렛대 작용을 만들어내고 상대의 오른쪽 손목을 열법으로 공격한다.

78. 퇴보과호(退步跨虎)

모두 4개의 분해 동작이다.

1. 시선은 북쪽을 보고 신법은 왼쪽으로 돌려 가슴을 서북쪽으로 향한다. 왼쪽 다리 는 고관절의 경을 가라앉혀 접고 전허보를 유지한다. 양손은 순전하여 손목을 붙 인 상태로 배꼽 부위로 당겨 누르고 손바닥은 배꼽을 향하고 중지는 아래로 비스 듬히 십자 형태를 만든다.

작용: 포전인채열법(抱纏引采挒法)

상대가 나의 양손 포전열법의 공격을 무력화하면 상대의 흐름을 타고 왼쪽으로 신 법을 돌려 오른손으로 상대의 오른쪽 손목을 돌려 잡고 배꼽 부위로 당기고 왼손은 상대의 오른손을 누르고 양손에 힘을 가해 공격을 가한다.

2. 시선과 신법은 불변한다. 왼쪽 다리는 고관절의 경을 가라앉히고 오른쪽 다리는 동남쪽으로 퇴보로 옮겨 궁보를 만든다. 양손은 계속 순전하여 배꼽 부위에서 뒤집고 손목이 떨어지지 않게 호근으로 당겨 서북쪽으로 펼친다. 양손의 손바닥은 위쪽을 향하며 중지는 십자 형태로 비스듬히 치켜세운다.

작용: **퇴보쌍수포전열법(退步雙手抱纏捌法)**
상대의 다리가 앞으로 나오며 안법으로 나의 포전열법을 무력화하려 하면 상대의 흐름을 타고 오른쪽 다리를 퇴보로 빼고 양손을 뒤집어 돌려 양손의 포전열나법의 힘을 더욱 가해 공격한다.

3. 시선은 동남쪽을 보고 신법은 오른쪽으로 돌려 가슴을 동남쪽으로 향한다. 오른쪽 다리는 발뒤꿈치를 축으로 발끝을 바깥쪽으로 돌리고 고관절의 경을 가라앉힌다. 왼쪽 다리는 발뒤꿈치를 축으로 발끝을 내측으로 감고 마보를 지나 경을 가라앉혀 측마보를 만든다. 양손은 역전하여 바깥쪽 아래로 원을 그리며 왼손은 서북쪽 호저로 펼치고 오른손은 동남쪽 호첨으로 펼쳐 양손 손바닥은 뒤쪽을 향하며 왼손 중지는 서북쪽, 오른손 중지는 동남쪽으로 치켜세운다.

작용: 우제붕법(右擠掤法)

만약 상대가 양손으로 나의 오른쪽 손목과 팔을 잡고 돌리며 공격하면 그 흐름을
타고 오른팔을 펼치는 힘을 생성하여 상대의 양손을 밀어내고 왼손은 보조하여 배
합한다.

4. 시선은 동쪽을 보고 신법은 오른쪽으로 돌려 가슴을 동쪽으로 향한다. 오른쪽 다
리는 고관절의 경을 가라앉히고 왼쪽 다리는 동쪽으로 당겨 마보를 만든다. 왼손
은 순전하여 안쪽 위로 원을 그리며 오른쪽 팔꿈치 쪽으로 모으고 손바닥은 남쪽
을 향하며 중지는 위로 치켜세운다. 오른손은 순전하여 안쪽 위로 원을 그리며 동
쪽 호정으로 펼치고 손바닥은 북쪽을 향하며 중지는 위로 치켜세운다.

작용: 좌퇴대소법(左腿帶掃法)

앞쪽 공격의 흐름을 타고 왼쪽 다리로 상대의 앞쪽 다리를 걸어 당긴다. 오른손과
왼손을 회수하여 방어한다.

79. 전신파련각(轉身擺蓮脚)

모두 5개의 분해 동작이다.

1. 시선은 서북쪽을 보고 신법은 오른쪽으로 돌려 가슴을 서쪽으로 향한다. 오른쪽
다리는 발뒤꿈치를 축으로 발끝을 바깥쪽으로 돌린다. 왼쪽 다리는 발끝을 축으로
발뒤꿈치를 돌리고 헐보를 만든다. 왼손은 순전하여 호근으로 모으고 손바닥은 서
북쪽을 향하고 중지는 위로 비스듬히 치켜세운다. 오른손은 역전하여 서북쪽 호정
으로 펼치고 손바닥은 서북쪽을 향하고 중지는 위로 비스듬히 치켜세운다.

작용: 우전신붕법(右轉身掤法)

만약 상대가 오른쪽 팔꿈치를 가라앉혀 안법으로 공격해 오면 그 흐름을 타고 신법을 오른쪽으로 돌리며 밀어내고 상대방의 공세를 무력화시킨다.

2. 시선은 불변하고 신법은 오른쪽으로 돌려 가슴을 서북쪽으로 향한다. 오른쪽 다리는 고관절의 경을 가라앉히고 왼쪽 다리는 서남쪽으로 나아가 측마보를 만든다. 왼손은 역전하여 바깥쪽 아래로 원을 그리며 서남쪽 호저로 펼치고 손바닥은 아래를 향하고 중지는 오른쪽으로 비스듬히 치켜세운다. 오른손은 역전하여 바깥쪽 위로 원을 그리며 북쪽 호정으로 펼치고 손바닥은 서북쪽을 향하고 중지는 위로 비스듬히 치켜세운다.

작용: 우채좌안법(右采左按法)

상대가 팔꿈치를 가라앉혀 나의 공세를 무력화하면 그 흐름을 타고 오른쪽 손목을 더욱 강하게 돌려 잡으며 위로 당기고 왼쪽 다리가 나아가 왼손으로 상대의 당부를 안법으로 공격한다.

3. 시선은 불변하고 신법은 왼쪽으로 돌려 가슴을 서남쪽으로 향한다. 오른쪽 다리는 고관절의 경을 가라앉히고 왼쪽 고관절을 내측으로 접어 마보를 만든다. 왼손은 신법을 따라 역전하여 바깥쪽 아래로 원을 그리며 서남쪽 호첨으로 펼치고 손바닥

은 서남쪽을 향하며 중지는 오른쪽으로 비스듬히 치켜세운다. 오른손은 순전하여 바깥쪽 위로 원을 그리며 호근으로 모으고 손바닥은 동남쪽을 향하고 중지는 서남쪽으로 비스듬히 치켜세운다.

작용: 우채좌주굉열법(右采左肘肱挒法)
상대가 빠르게 복부를 당겨 나의 왼쪽 안법의 공세를 무력화하면 오른손으로 상대의 오른쪽 손목을 잡아당기고 왼쪽 전완 부위로 상대의 오른쪽 팔꿈치 관절을 흔들어 탄두경으로 공격한다.

4. 시선은 서북쪽을 보고 신법은 먼저 오른쪽으로 돌리고 다시 왼쪽으로 돌려 가슴을 서쪽으로 향한다. 왼쪽 다리 고관절의 경을 가라앉히고 오른쪽 다리 고관절의 경을 펼치며 마보를 만든다. 왼손은 오른쪽으로 돌릴 때 순전하여 안쪽 위로 원을 그리며 서쪽 호정으로 펼치고 다시 신법을 왼쪽으로 돌릴 때 역전하여 호근으로 모아 손바닥은 동쪽을 향하고 중지는 위로 비스듬히 치켜세운다. 오른손은 오른쪽으로 돌릴 때 역전하여 바깥쪽 위로 원을 그리며 동북쪽 호정으로 펼치고 다시 신법을 왼쪽으로 돌릴 때 동북쪽 호첨으로 펼쳐 손바닥은 서북쪽을 향하고 중지는 위로 비스듬히 치켜세운다.

작용: 우채좌주열법(右采左肘挒法)

상대가 몸을 위로 당겨 굉열법의 공세를 무력화하면 상대의 흐름을 타고 오른손으로 상대의 오른쪽 손목을 강하게 돌려 잡아 우측으로 당기고 왼쪽 전완 부위로 상대의 오른쪽 팔꿈치 관절을 위쪽으로 밀어낸다.

5. 시선은 불변하고 신법은 왼쪽으로 돌려 가슴을 서남쪽으로 향한다. 왼쪽 다리는 고관절의 경을 가라앉히고 견고하게 세운다. 오른쪽 다리는 서남쪽 위로 원을 그리며 발등으로 좌우 손바닥을 치고 독립보를 만든다. 양손 손바닥 모두 앞쪽을 향하고 중지는 서쪽으로 비스듬히 치켜세운다.

작용: 우퇴외파척법(右腿外擺踢法)
상대가 팔꿈치를 가라앉혀 공격을 무력화하면 상대의 흐름을 타고 오른쪽 다리의 퇴법으로 상대의 머리를 공격한다.

80. 당문포(當門炮)

모두 2개의 분해 동작이다.

1. 시선은 서남쪽을 보고 신법은 오른쪽으로 돌려 가슴을 서북쪽으로 향한다. 오른쪽 다리는 동북쪽으로 내려 고관절의 경을 가라앉히고 왼쪽 다리는 고관절의 경을 펼쳐 측마보를 만든다. 왼손은 권형으로 잡고 순전하여 안쪽 아래로 원을 그리며 호저를 지나 호근으로 모으고 권심은 위쪽을 향한다. 오른손은 권형으로 잡고 순전하여 왼쪽 팔꿈치 부위로 모으고 권심은 위쪽을 향한다.

작용: 우채퇴보좌랄붕법(右採退步左捋掤法)

만약 상대가 나의 왼쪽 전방에서 오른쪽 권으로 공격하면 오른쪽 다리를 퇴보로 내리고 왼쪽 전완 부위로 상대의 오른쪽 팔꿈치 부위를 옆으로 당겨 상대의 공격을 무력화시킨다. 오른손은 상대의 오른쪽 손목을 돌려 잡고 당긴다.

2. 시선은 불변하고 신법은 왼쪽으로 돌려 가슴을 서남쪽으로 향한다. 양쪽 다리는 고관절의 경을 가라앉혀 마보를 만든다. 왼쪽 권은 역전하여 바깥쪽 아래로 원을 그리며 서남쪽 호첨으로 충권으로 치고 권심은 아래쪽을 향한다. 오른쪽 권은 역전하여 왼쪽 팔꿈치 아래쪽으로 충권으로 치고 권심은 아래쪽을 향한다.

작용: 좌제우수조공법(左擠右手助攻法)

상대가 진보로 나와 제법으로 나의 공격을 무력화하면 그 흐름을 타고 왼쪽 전완 혹은 왼쪽 팔꿈치 부위로 상대의 오른쪽 전완 혹은 팔꿈치 부위를 막아 누르며 권으로 상대의 안면 부위를 탄두경으로 공격하고 오른손은 상대의 오른쪽 손목을 돌려 잡고 바깥쪽으로 치며 왼쪽 권의 공격을 돕는다.

81. 금강도대(金剛搗碓)

모두 7개의 분해 동작이다.

1. 시선은 서남쪽을 보고 신법은 오른쪽으로 돌려 가슴을 서북쪽으로 향한다. 오른쪽 다리는 고관절의 경을 가라앉히고 왼쪽 다리는 뒤쪽으로 당겨 전허보를 만든다. 왼손은 신법을 따라 순전하여 장형으로 만들고 안쪽 아래로 원을 그리며 호근으로 모아 손바닥은 서북쪽을 향하고 중지는 위로 비스듬히 치켜세운다. 오른손은 역전 하여 장형으로 만들고 바깥쪽 아래로 원을 그리며 서북쪽 호정으로 펼치고 손바닥 은 서북쪽을 향하며 중지는 위로 비스듬히 치켜세운다.

작용: 좌퇴소법좌붕법(左腿掃法左掤法)
상대가 오른쪽 다리가 나와 팔꿈치 관절을 가라앉혀 다시 공격해 오면 나는 왼쪽 다리를 안쪽으로 걸어 당기고 왼쪽 전완 혹은 왼쪽 팔꿈치 부위로 상대의 오른쪽 전완 혹은 팔꿈치 부위를 위로 밀어 상대의 오른쪽 권의 공격을 한쪽으로 무력화 시킨다.

2. 시선은 서남쪽을 향하고 신법은 왼쪽으로 돌려 가슴을 남쪽으로 향한다. 오른쪽 다리는 고관절의 경을 가라앉히고 왼쪽 다리는 발뒤꿈치를 축으로 발끝을 바깥쪽 으로 돌린다. 왼손은 역전하여 원위치에서 자전하고 손바닥은 서남쪽을 향하고 중 지는 위로 비스듬히 치켜세운다. 오른손은 순전하여 바깥쪽 위로 원을 그리고 서 쪽 호첨으로 펼치고 손바닥은 아래쪽을 향하고 중지는 남쪽을 향한다.

작용: 퇴보좌채법(退步左采法)

상대가 다리를 빠르게 들어 나의 소퇴 공격을 무력화하고 오른손으로 밀어 공격하면 왼쪽 다리를 퇴법으로 당기고 오른손으로 상대의 오른손을 잡아당기며 왼손 제법과 협조하여 한쪽으로 무력화시킨다.

3. 시선은 동쪽을 보고 신법은 왼쪽으로 돌려 가슴을 동남쪽으로 향한다. 왼쪽 다리는 발뒤꿈치를 내려 경을 가라앉히고 발뒤꿈치를 축으로 앞꿈치를 바깥쪽으로 돌린다. 오른쪽 다리는 발끝을 축으로 발뒤꿈치를 돌려 헐보를 만든다. 왼손은 역전하여 장형으로 만들고 바깥쪽 아래로 원을 그리며 호저를 지나 동쪽 호첨으로 펼치고 손바닥은 남쪽을 향하고 중지는 위로 비스듬히 치켜세운다. 오른손은 순전하여 안쪽 아래로 원을 그리며 서남쪽 호저로 펼치고 손바닥은 아래쪽을 향하고 중지는 위로 비스듬히 치켜세운다.

작용: 좌채우열법(左采右挒法)

상대가 진보로 나아가 공격을 무력화하면 상대의 흐름을 타고 신법을 왼쪽으로 돌려 왼손으로 상대의 왼쪽 손목을 잡아당기고 오른쪽 전완 부위로 상대의 왼쪽 팔꿈치 부위를 막아 누르고 몸통을 왼쪽으로 돌리는 구심력을 빌어 상대의 왼쪽 팔꿈치 관절을 공격한다.

4. 시선은 불변하고 신법은 왼쪽으로 돌려 가슴을 동쪽으로 향한다. 왼쪽 다리는 발 뒤꿈치를 축으로 신법을 바깥쪽으로 돌리며 발끝을 약간 밖으로 돌린다. 오른쪽 다리는 왼발 전방 우측으로 오른발을 내리고 마보를 만든다. 왼손은 역전하여 아래쪽 원을 그리며 호근으로 모으고 손바닥은 동남쪽을 향하고 중지는 위쪽으로 비스듬히 치켜세운다. 오른손은 순전하여 원을 그리며 호근으로 모아 팔꿈치가 늑골 부위를 벗어나지 않게 하고 왼쪽 손목 아래로 합쳐 손바닥은 북쪽을 향하며 중지는 위쪽으로 비스듬히 치켜세운다.

작용: 쌍수포전열법(雙手抱纏挒法)

상대방이 팔꿈치를 가라앉혀 공격을 무력화하면 그 흐름을 타고 왼손으로 돌려 잡고 오른쪽 다리는 앞으로 들어가 동시에 오른손이 상대의 왼손을 포개어 잡아 손을 빼려고 하는 것을 막는다.

5. 시선을 불변하고 신법은 먼저 왼쪽으로 돌리고 다시 원위치로 돌려 가슴을 동쪽으로 향한다. 왼쪽 다리는 고관절의 경을 가라앉혀 견고하게 세운다. 오른쪽 다리는 신법에 따라 무릎을 들어 독립보를 만든다. 왼손은 신법을 왼쪽으로 돌릴 때 제자리에서 순전하여 손을 움켜쥐며 신법이 오른쪽으로 돌릴 때 늑골 아래로 가라앉히며 손을 펴고 손바닥은 위쪽을 향하며 중지는 오른쪽을 향한다. 오른손은 신법을 왼쪽으로 돌릴 때 손을 움켜쥐고 신법을 왼쪽으로 돌리는 것에 따라 아래턱 앞으로 들어 올리며 권심은 안쪽을 향한다.

작용: 쌍수포전슬타법(雙手抱纏膝打法)

상대가 팔꿈치를 가라앉혀 열법을 무력화하면 나는 오른쪽 다리를 들어 타법으로 상대방의 당부 혹은 아랫배를 가격한다.

6. 시선과 신법은 불변한다. 왼쪽 다리는 고관절의 경을 가라앉혀 다리를 건고하게 세우고 오른쪽 다리는 진각으로 내려 어깨너비의 마보를 만든다. 왼손은 불변하고 오른손은 진각과 동시에 왼쪽 장심 위로 내려치고 권심은 위쪽을 향한다.

작용: 우각타법(右脚跺法)

상대가 슬타법을 무력화하면 양손의 열나법에 전사를 가하며 오른발로 상대방의 발을 밟아 공격한다.

7. 시선과 신법은 불변한다. 양쪽 다리는 천천히 세우고 왼쪽 다리를 당겨 모은다. 양손은 동시에 역전하여 장형으로 만들고 양쪽 고관절 외측에 붙여 손바닥은 내측을 향하고 중지는 아래쪽을 향한다.